목걸이

목걸이

박찬정 수필집

책머리에

예순다섯 살을 지나간다

나 어디쯤 온 겐가
허리춤 거쳐 명치 지나
어깨 우두 자국 언저리에 왔을까.

비바람 맞으며 걷던 날도
2호선 지하철 간신히 몸을 구겨 넣고
옴짝달싹 못 한 채 부대끼던 나날도
엇갈린 짝사랑 가슴앓이도
지나고 보니 흐릿한 기억의 편린.

스물다섯 살
민주화 외치는 데모 무리에 휩쓸려
남대문경찰서 찬 바닥에 쪼그리고 앉아 하룻밤 새우고
내가 붙은 자백이 말 같잖은지
피곤에 절은 순경은 이렇게 갈겨썼다.
단순가담자 훈방.

인생 변곡점
밥하고, 애 보고, 돈 벌고
밥하고, 애 보고, 돈 벌고
하루를 조각내어 콩 튀듯 팥 튀듯
떠밀려 살던 서른다섯 살 적엔
차라리 독방 수형자가 부럽기도 했다.

풋 나이도 아니고
여물지도 못한
모호한 나이 쉰 살
내 갈 길도 헤매는데
양친 저승길 배웅하랴, 자식 이승 길 닦아 주랴
인연 치레에 숨 가빠서 나를 채울 여유는 없었다.

이러구러 예순다섯 살
열둘도 끼어 앉던 밥상엔

둘만이 마주 앉고 나머지 의자엔 먼지가 쌓인다.
잔치는 끝났는가
아니. 화양연화는 이제 시작인가
이 책 속에서 스스로에게 묻는다.

 거센 힘으로 덮칠 거라는 예보에 마음을 졸였다. 물길을 살피고, 동여매고, 눌러놓고,
 이도 저도 안 되는 것은 도리 없는 일로 치자면서도 쉽게 마음 접지 못했다.
 거센 비바람 맞닥뜨린 날 아니라도 살아 온 나날이 그랬다.
 놓아야 할 것을 놓지 못해서 안달하고,
 끌어안아야 할 것을 기꺼이 끌어안지 못해서 마음 끓였다.
 약은 고양이 밤눈 어둡다는 말마따나
 엉뚱하게 허방을 짚어 허우적대며 겪은 세월에다
 나름대로 고뇌한 사유를 엮어 한 권으로 묶었다.

그동안 글 지도를 해주신 스승님과 선배, 문우들께 감사드립니다.
지금은 다른 세상에 계시지만 낳고 키우고 이만이나마 세상 물정 헤아리게 해주신 친가 시가 네 분 부모님께 부족한 글솜씨로 묶은 책이지만 옷깃 여미며 헌정합니다.

2022년 10월
박찬정

책머리에
　　예순다섯 살을 지나간다　4
박찬정의 수필 세계 | 한혜경
　　'화양연화'를 꿈꾸며　245

1. 지주목

가치를 생각하다　14

딴살림　20

지주목(支柱木)　26

고립　31

그 아이는 지금　36

그루터기　41

이제는 말할 수 있다　47

해방구　52

금연 분투기　58

기억 여행　63

2. 목걸이

목걸이 70

더불어 살기가 그리 쉬운가 75

동리와 목월의 고향 경주 79

각시붓꽃 84

사그락사그락 89

맛의 반은 그리움이다 94

담 안의 사람들 101

발을 위하여 107

사토선생지묘(佐藤先生之墓) 112

새벽달 117

3. 서 있는 배

인연　124

소야(宗谷)곶, 그 짙푸른 바다　130

솔바람 소리　136

아직도 있을까　142

약속　148

하지감자 유월 동부　153

외딴섬　158

은동이 실종 사건　165

그리움에 대하여　170

서 있는 배　175

자리걷이　181

4. 그해 겨울

저게 별이야 비행기야 188

적정 거리 193

주행 198

지안재 굽잇길 넘고 섬진강 모랫길 걷고 203

결 208

텃세 213

오직 한 톨 씨앗을 219

해당화 225

잔칫날 유감 231

녹명(鹿鳴) 235

그해 겨울 239

1. 지주목

가치를 생각하다

딴살림

지주목(支柱木)

고립

그 아이는 지금

그루터기

이제는 말할 수 있다

해방구

금연 분투기

기억 여행

가치를 생각하다

슈퍼마켓 앞에 빈 종이 상자를 모아 놓았다. 파는 물건은 아니다. 택배 포장용 상자 하나 골라서 돌아서는데 주변을 정리하던 점원이 나를 불러 세웠다. 고객이 구입한 상품을 담아가는 목적으로 모아 놓은 것이니 가져가면 안 된다고 주의를 준다. 당부의 문구도 붙어 있다. 수확 철이라 상자를 몇 개씩 가져가는 사람이 어지간히 있었으리라 짐작된다. 그제야 점원에게 양해를 구하고 얻었지만 도둑질하다가 들킨 것처럼 부끄러웠다.

요즘 많이 쓰는 경제용어 중에 가성비(價性比)라는 말이 있다. 가격 대비 성능의 비율을 말한다. 저렴한 가격에 다양하고 우수한 성능을 가졌다면 가성비가 높은 것이다.

성능은 가치라고 말할 수도 있겠다. 가치가 가격으로만 평가되는 것은 아니다. 생산가치나 효용가치, 존재가치도 있다. 종이 상자는 효용가치로서 탁월하다.

유통 시 포장 상자는 내용물만큼이나 중요하다. 특히 종이 상자는 싸고, 가볍고, 틀이 잡혀 있을 뿐 아니라 약간의 두께가 있어 내용물을 보호해 준다. 크기도 다양하며 적절하게 쓰면 몇 번이든 재활용도 가능하다. 고구마를 담아 보관하기에도, 택배로 물건을 보낼 때도, 잡동사니를 넣어 두기에도 그만한 것이 없다. 젖은 것을 담아 두는 것만 아니라면 그 활용도의 폭은 넓다.

일본에서 돌아온 후 한두 해 동안은 빈번히 일본을 왕래했다. 일본 동북지방의 큰 지진과 쓰나미가 있던 그 시각에도 일본 도쿄 근교인 사가미하라에 있었다. 오후 세 시경으로 기억한다. 유리창과 바닥이 몹시 흔들렸다. 어쩌다 한 번씩 경험했던 약진과는 비교가 안 되게 흔들림이 강하고 길었다. 가상훈련에서 익힌 대로 몸을 낮추고 머리를 보호하기 위해 탁자 밑으로 기어들었다. 흔들림이 주춤해진 틈을 타 사람들은 모두 밖으로 빠져 나왔다. 여진은 계속되었다. 전봇대가 흔들거리고 전선이 출렁거렸다. 흔들릴 때마다 바닥에 주저앉아 들고 있던 가방으로 머리를 감쌌다. 불안한 마음이긴 해도 이 흔들림만 멈추면 제자리로 돌아가 쏟아지고 흩어진 것을 정리하고 일상으로 되돌아가려니 생각했다. 시간이 흘러도 여진은 계속되고 상가는 철시한다. 도쿄 번화가인 시부야 고층 빌딩 내에서 근무하는 아이가 걱정되었지만, 휴대폰으로 연락이 되지 않았다. 통신이 원활하지는 않아도 전혀 두절된 것은 아니라서 모두들 전화기를 손에 쥐고 전전긍긍한다. 빨리 집으로 돌아가야 한다. 마음은 급하고 초조했다. 역으로 진입하는 전차는 보이지 않고 평일임에도 역사(驛舍) 안은 사람들로 가득했다. 관동 일대 전 노선이 운행을 중단하고 선로 점검 중이라는 방송만이 계속되고 있다. 시간이 흐르자 금일중엔 운행 재개가 안 된다는 방송으로 바뀌었다.

  우왕좌왕하는 중에 삼월 짧은 해는 기울어 어둑어둑해졌다. 집에 갈 방법이 막연하다. 한 걸음이라도 집 가까이 가야 한다는 생각에 버스 정류장으로 갔다. 거기도 발이 묶여 있긴 마찬가지다. 역 주변 숙박이 될 만한 업소는 모두 만실(滿室) 표지판을 내걸었다. 전차로 40분가량 걸리는 거리이니 집까지 걸어간다면 밤새워 걸어야 한다. 모르는 지역에 가서 오도 가지도 못하는 것보다 차라리 치안이 안전한 역사 안에 있는 것이 나을 것 같다. 밤에 선로 점검을 마치고 나면 새벽 첫차부터는 운행되지 않을까 하는 기대도 있다. 나와 같은 생각을 하는 사람들이 출입문이 따로 없는 역사에 모여들었다.

크든 작든 천재지변이라면 토를 달지 않는 일본인이니 항의하는 사람은 없다. 귀가를 포기한 사람들이 벽에 기대어 앉는다. 양복 입고 넥타이를 맨 직장인도, 학생도, 아가씨도 도리 없이 모두 역전 노숙을 할 모양이다. 나도 자리를 잡고 앉았다. 가방을 뒤져 깔만한 것은 다 깔았어도 냉기가 그대로 온몸에 전해진다. 모두가 창졸간에 바깥 잠을 자게 된 처지여서 준비가 된 사람은 아무도 없다. 재수가 좋았거나 행동이 민첩하여 편의점에서 내놓은 종이 상자 하나를 구해 깔고 앉은 사람이 있을 뿐이다. 곁에 앉은 사람이 종이 상자를 겹으로 접어 깔고 있지만 펴서 같이 깔자는 말을 차마 하지 못했다. 내 제의를 낯모르는 상대방이 흔쾌히 받아줄지, 곤란해할지 판단하기 어려우면 애당초 말을 건네지 않는 것이 일본인이다. 나도 어느결에 닮아 있다.

텔레비전의 화면은 동북지방 해안을 덮친 쓰나미와 후쿠시마 원전에 맞추어져 있다. 가족을 잃고, 삶의 터전이 흔적 없이 쓸려나간 이재민의 아픔을 어찌 하룻밤 노숙하는 괴로움에 비할 수 있을까. 하지만 나는 지금 앉은 자리의 냉기로 뼈가 시린 것이 더 견디기 힘들다. 날이 밝으려면 아직 멀었고 집에 갈 방법 또한 막연하지만, 자리에서 일어섰다. 깔만한 것을 구하기 위해 어두운 거리로 나섰다.

역에서 멀리 떨어진 약국 앞까지 가서 작은 종이 상자 두 장을 주웠다. 다시 역으로 돌아왔을 때 내가 앉았던 자리는 벌써 다른 사람이 차지하고 있었다. 한 장을 깔고 한 장은 무릎을 감싸고 싶은 마음 간절했지만, 맨바닥에 앉아 곧추세운 두 무르팍에 얼굴을 묻고 있는 옆 사람을 가만히 흔들어 한 장을 주었다. 그도 사양할 여유가 없다. 종이 상자 한 장 깔고 앉은 것뿐인데 몸이 느끼는 온기는 사뭇 따듯했다. 나는 그날 밤 종이 상자 하나의 가치를 잊지 못한다.

　살면서 대하는 모든 것을 가성비로 평가한다는 것은 있을 수 없다. 존재가치나 효용가치가 사회의 큰 부분을 지탱하며 이바지한다는 것을 알기 때문이다. 사람의 존재가치는 기여도가 아닐까. 예순을 바라보는 나, 세상을 향한 기여도를 자신에게 묻는다.

(2017.)

딴살림

건너편 저수지는 늘 만수(滿水)다. 물이 흔한 동네라서 농사용이라기보다 산불 진화하는 소방 헬기의 소화수로서의 역할이 더 막중하다. 빨간 소방 헬기가 수면 가까이까지 내려와 커다란 물주머니 두레박으로 물을 길어 날아가는 것을 본 적이 있다. 우기에는 수위를 조절하며 든 물만큼 넘쳐 내보내는 수문이 제 몫의 일을 한다.

저수지 둑 아래 넓은 들은 주거 제한 구역이다. 건축 허가가 날 리 없으니 논과 밭뿐이고 해를 가릴 큰 나무도 없다. 주말이면 민물낚시를 즐기는 사람들이 저수지 둘레에 앉아 낚싯대를 드리우고 있지만, 평소에는 물새들만이 유유히 논다. 우리는 저녁나절 개를 앞세우고 그곳으로 산책을 간다.

　바람에 찬 기운이 아직 가시지 않은 지난해 초봄. 산책 중에 보니 뚝 아래쪽 열 평 남짓한 터에 자갈을 깔아 다지고 있었다. 며칠 후엔 전봇대가 세워지고, 컨테이너 하우스가 하나 놓여졌다. 어느 날 보면 위성안테나가 달려 있고, 또 어느 날 보면 듬직한 야외용 탁자가 놓여 있다. 빨랫줄을 매어 남자의 것으로 보이는 운동복 바지가 널려 있곤 했다. 차양막을 치는 것도 텃밭을 일구는 것도 혼자 하는 듯했다. 그곳을 지날 때마다 컨테이너 하우스의 주인이 어떤 사람일까 궁금했다. 농기구나 넣어 둘 농막이라 하기에는 살림의 구색을 갖추고 있었다. '부도를 내고 도망을 왔나, 마누라 등쌀에 쫓겨났나, 왜 하필이면 물이 가득 담긴 저수지 뚝 아래에다가….' 내 마음대로 추측했다.

　비가 온다는 예보가 있자 그는 주변에 배수로를 내고 있었다. 남편이 다가가 "수고하십니다." 인사를 건넸다. 안 해 보던 일을 하려니 힘이 든다 하면서도 괭이를 손에서 놓지 않았다. 남편과 비슷한 나이 또래의 남자는 지나

딴살림　21

가다 말을 붙인 우리에게 거리감을 두는 듯했다.

 그러던 그가 엊그제는 자기도 개를 한 마리 키워야겠다며 먼저 말을 걸어왔다. 내가 궁금해한다는 걸 알아차리기나 한 것처럼 기탄없이 자신의 이야기를 했다. 그는 금융기관에서 근무하다 퇴직을 했다고 한다. 자식들 공부도 다 마쳤고, 퇴직하며 받은 목돈으로 가족 생계 위협을 느낄 형편은 아니라고도 한다. 퇴직하고 집에 들어앉아 있어 보니 마냥 좋고 자유로운 것만은 아니었다. 이웃집 부인이 아내에게 마실을 왔다가도 현관에서 소곤소곤 몇 마디 이야기를 나누고 가버린다. 아내 역시 집에 있는 남편의 눈치를 보며 운신의 폭을 좁혀가는 것 같았다. 중년의 나이를 넘은 아내도 남편과 늘 같이 있는 걸 좋아하는 기색이 아니다. 들어앉은 건 자신만이 아니고 본의 아니게 아내까지 들여앉힌 꼴이 되었다. 시간제 아르바이트라도 해 볼까 생각했다. 부유하다고 할 순 없어도 절박하지 않은 경제적 여유가 오히려 발목을 잡았다. 생각 끝에 내린 묘안이 나만의 아지트를 마련해서 공공연하고 명분 있는 딴살림을 차리는 것이었다.

값이 허름한 땅을 사겠다는 데에는 아내도 말리지 않았다. 한 달여 발품을 팔고 다녀 보아도 어지간한 땅값은 거의 다 올라 있었다. 텃밭과 과실수 몇 그루 심으려면 삼사백 평은 있어야 했다. 예산에 맞추어 산 땅이 저수지 둑 아래인 그곳이었다. 저수지 둑만 안 무너진다면 건축허가가 나지 않는다는 것쯤은 상관없었다. 부동산소개소에서 그 근방이 개발 예정지인데 저수지가 내내 있겠느냐고 흘리듯 한 말에도 솔깃했다.

이동식 컨테이너 하우스를 놓고 거처로 삼겠다는 말엔 아내가 펄쩍 뛰었다. 그는 단호히 밀어붙였다. 매일 하나둘 살림살이를 장만하거나 옮겨 왔다. 텔레비전과 컴퓨터를 사고, 바둑판과 볼만한 책도 실어 오고 냉장고도 들여놨다. 아이 둘을 낳고 내 집을 처음 장만했던 그때처럼 의욕과 생기가 났다. 처음 와 봤을 때는 심란한 얼굴을 하던 아내가 제법 쓸만한 살림살이를 꼼꼼히 챙겨준다.

스스럼없는 친구들을 불러서 밭도 가꾸고 밤낚시를 가기도 한다. 낚시도구나 흙 묻은 장화를 어지럽게 늘어놓아도 누가 뭐랄 사람이 없다. 종일 일하고 저녁 무렵 집으로 향하는 기분은 전에 직장에서 시달리다 지쳐 돌아가는 고단함과 사뭇 달랐다. 가는 길에 포구에 들러 어선에서 직접 산 싱싱한 생선을 사가기도 한다. 어설픈 농사 솜씨로 가꾼 푸성귀를 가져가면 아내가 반색을 했다. 앞으로는 자신이 낚은 고기를 맛 뵈겠다는 포부도 펴 보였다.

퇴직 후 무기력하게 지낸 날들에 비하면 훨씬 활기가 생기고 새로운 꿈이 나날이 가지를 쳤다. 대여섯 달 지내보니 비록 얼마간 두려움이 상존하는 저수지 뚝 아래 컨테이너 집이지만 마음은 한결 여유롭고 편하다는 말로 자신의 이야기를 마무리했다.

그는 부도를 내고 도망 온 사람도 아니고, 가족 간 불화를 못 이겨 뛰쳐나온 백수의 가장도 아니었다. 욕심 안 부리고 자신의 처지에 맞는 생존의 돌파구를 찾아 즐기는 사람일 뿐이다. 그의 소박한 포부에 공감했다.

돌아오는 길에 남편이 부럽다고 했다.

"그렇게 부러우면 당신도 우리 터 안에 오두막 하나 지어 딴살림을 차리시구려. 설마 꼭 저수지 뚝 아래라야 하는 건 아니겠죠." 퉁바리를 주면서도 나 역시 나만의 오두막 아지트를 갖고 싶다는 욕망이 몽실몽실 피어오른다.

(2014.)

지주목(支柱木)

 늘 소외되어 있다. 어깨를 나란히 하고 어울려 있는 듯해도 그것을 주목하는 사람은 아무도 없다. 밭에 꽃이 피었을 때나 실한 열매가 주렁주렁 열렸을 때 들리는 환호도 그것을 향한 것은 아니다. 하지만 세찬 비바람을 이기지 못하여 쓰러진 날이면 온갖 원망과 지청구는 다 그것에게 퍼붓는다. 그리고 그것의 정수리가 뭉개지도록 망치질을 한다. 뿌리와 줄기와 잎을 갖추고도 제 몸 하나 지탱하지 못하다가 그것까지 덩달아 넘어지게 해도 고춧대나 토마토 가지를 나무라지 않는다. 지주목을 꺾어진 나무 막대쯤으로만 여겨 그것의 희생을 당연시한다.
 나는 끼니를 지을 때마다 작은 텃밭을 한 차례씩 돌았

다. 밭에 나올 때면 끼고 다니는 종댕이˙에 고추와 오이와 가지, 토마토를 똑똑 따 넣었다. 고춧대나 오이 넝쿨만 이리저리 살필 뿐, 발목이 묶이고 넝쿨에 감겨 운신할 수 없이 조여드는 지주목엔 무심했다.

느지막이 온 태풍이 가을비를 몰고 왔다. 비가 지나간 며칠 사이에 밭은 앙상해졌다. 벼르던 일을 해야 한다. 고춧대와 가짓대를 뽑아냈다. 오이 넝쿨을 걷고, 대나무 장대를 친친 감고 올라간 동부콩 넝쿨을 잘라 서리서리 말아 던졌다. 몇 포기씩 되지 않아도 그 잔햇더미는 부스스한 채 제법 컸다. 장화 신은 발로 꾹꾹 밟으니 힘없이 부러지고 납작해졌다. 찬란하게 한 철을 보낸 작물은 그렇게 떠났다. 그제야 빈 밭에 남은 지주목에 눈길이 머문다. 버텨 줘야 할 것도 그것의 몸을 의지하여 감아 올라갈 것도 이제는 없다. 한데 날아갈 듯 홀가분하게 보여야 할 지주목이 오히려 춥고 신산스러워 보이는 것은 왜일까. 명분을 잃은 지주목은 밭고랑에 아무렇게나 널브러져 있다.

지주목도 한때는 푸른 잎으로 하늘을 향하여 크고 있었다. 뿌리는 굳건했고 가지와 잎은 건실했다. 대숲이 바

지주목(支柱木) 27

람에 부대끼며 서걱대는 소리는 아랫동네까지 들렸다. 하늘을 나는 방패연의 연살이 될까, 어깨를 감싸 안은 연인이 받쳐 든 우산의 손잡이가 될까, 꿈꾸던 때도 있지 않았을까. 대나무의 그런 꿈을 지난봄에 꺾었다. 키가 그다지 크지 않은 고추나 가지는 철제로 만들어 파는 지주대로 감당이 되었다. 하지만 토마토나 동부콩의 넝쿨은 그런 지주대의 키를 훌쩍 넘었다. 나는 남편을 부추겨 뒷산 대나무 숲에서 어린아이 손목 굵기만 한 대나무를 서너 주 베게 했다. 이제 막 넝쿨손이 뻗기 시작하는 포기 옆에 지주목을 박아 끈으로 묶어 놓았다. 굵직한 왕대는 아니라 해도 기개 높은 대나무가 한해살이풀을 떠받치고 있어야 하는 현실이 기껍기야 했으랴. 다행히 그것을 의지하고 무럭무럭 커 가는 것들을 보며 자신의 희생이 헛되지 않다고 위로 삼았을 것이다. 뿌리가 끊어지고 가지가 잘려 더 이상 키가 자랄 수 없다 하더라도.

　우두커니 서서 기억 속에 묻어 둔 아버지를 떠올렸다. 아버지의 삶이 저러하지 않았을까? 자식들 건사하기도 힘겨운 처지건만 시집간 고모가 사흘돌이로 와서 '사네, 못 사네.' 신세타령을 늘어놓았다. 막냇삼촌도 걸핏하면 찾아와 돈 아쉬운 소리를 했다. 모두가 푸념하며 기대기만 할 뿐, 아버지의 고단한 삶을 나눠 가지는 사람은 없었다. 여름날 찐 옥수수 소쿠리를 놓고 둘러앉아도 아버지는 옥수수 한 자루를 집어 들고 한쪽으로 나아 앉으셨다. 작은 흑백 텔레비전 앞에 모여 앉았을 때도 아버지는 신문을 펴들고 계셨다. 합격을 했거나 내 집을 장만했다는 소식도 어머니에게 알려서 아버지에게 전해졌다. 즐거운 일은 우리끼리 즐겼고, 힘들 때는 아버지에게 비빌 언덕이 되어 달라고 졸라댔다. 서운해하거나 괘씸하다고 표현하신 적이 없으니 으레 다 그러는 줄 알았다.

내가 스무 살쯤 되었을 때 아버지에게서 들은 얘기다. 아버지는 소년 시절에 『삼국지』를 읽고 나서 중국 대륙을 가보고 싶었다. 간신히 여비를 마련하여 길을 나섰다. 하지만 소년은 꿈을 이루지 못하고 도중에 발길을 돌렸다. 가던 길에 만난 사람들로부터 중국 곳곳에서 마적단을 만나 희생되는 사람이 많다고 들었다. 불행한 일이 닥친다면 못 돌아올 자신보다 홀로 계신 어머니와 동생들 걱정이 컸다. 열다섯 살 소년은 할 수 없이 포기했다. 그 후 아버지는 "그때 내가 중국 대륙을 돌아보고 왔더라면 내

인생이 크게 달라졌을 것"이라고 여러 번 말씀하셨다. 성장기를 일제 강점기 치하에서 보냈고, 이십 대에 6·25전쟁을 겪으며 아버지는 꿈보다 생존에 전념해야 했다. 해방 후 어수선하던 시기에 혼인했고, 전후(戰後) 연년생이다시피 태어난 다섯 자식은 아버지를 더욱 옥죄었다. 아버지의 꿈은 점점 깊숙이 묻혀 버렸다.

콩 넝쿨이 지주목을 붙잡고 크는 것처럼 우리는 아버지를 지주목 삼아 의지하고 컸다. 이제야 지주목의 힘든 세월을 헤아리게 되었고, 묻어 두었던 꿈을 알은 척 할 수 있게 되었는데 아버지는 이미 먼 길을 떠나시고 안 계시다.

지주목을 한곳에 모은다. 긴 것은 긴 것대로 짧은 것은 짧은 것대로 묶어 정갈하게 갈무리한다. 아버지에게 못한 말을 지주목에게 대신 하려는데 입안에서 뱅뱅 도는 그 말을 끝내 뱉지 못한다.

(2014.)

*종댕이 : 작은 바구니를 일컫는 경기지방의 방언.

고립

왜 하필이면 그때일까. 하지만 그런 의문 자체가 의미 없다. 산 사람의 이런저런 사정 다 헤아려서 세상 뜨는 사람은 없을 테니까. 사람의 두뇌가 신의 영역을 넘보지만, 인간의 자연스러운 생로병사는 여전히 신의 소관이 크다.

태풍 매미가 한반도 남부를 강타했다. 거제도는 일주일간 정전이 되어 엘리베이터가 멈췄다. 시아버님은 매일 휠체어에 의지해 병원에 가서 물리치료를 받아야 겨우 걸음을 떼는 형편인데 팔층까지 업고 오르내릴 사람이 없다. 어쩔 수 없이 팔층에 발이 묶였다. 일주일 안 걸은 것뿐인데 걷는 것은 고사하고 다시는 일어서지 못하고 일 년간 사셨다. 엄장에 허리와 다리를 못 쓰는 환자를 일으키고, 뉘고, 기저귀를 갈고, 씻기며 추스르는 일을 팔순 바라보는 어머니 혼자 하기엔 벅찼다. 몇 차례 위험한 고비가 있었다. 외국에 있는 자식이 헛걸음하게 될까 봐 전화 걸기를 망설이다 보면 다시 살포시 회생하더라는 얘기는 나중에 들었다.

일가친척들이 요양병원에 모시기를 권했다. 병문안 오는 사람마다 간병하는 어머니가 먼저 돌아가시겠다고 걱정했다. 명이 다 된 사람을 어떻게 남의 손에 맡길 수 있느냐고 버티던 어머니도 도리가 없었던 듯 아버님을 요양병원에 입원시켰다. 아버님이 병원에 가신 지 보름 만에 세상 뜨시자 어머니는 보름만 참았더라면 좋은 끝을 봤을 거라며 후회하셨다.

우리 세 식구는 일본 도쿄 근교에 살고 있었다. 시월 하순으로 접어든 늦가을. 일본 니가타 지방에 큰 지진이 났다. 그곳에 있는 회사 공장이 가동을 멈췄다. 도쿄 본사 관계자들이 3일간 예정으로 출장을 갔다. 남편도 그 일행 중의 한 사람이다. 지진 지역을 통하는 길은 다 막

했다. 신칸센, 고속도로, 공항도 폐쇄되었다. 승용차에 나눠 타고 나가노 쪽 끊기지 않은 국도로 돌고 돌아서 어렵게 현장에 도착했다. 시월 하순 저녁, 늦가을 짧은 해는 벌써 기울어 어둠이 깔리고 있었다. 길조차 끊어진 객지, 고립무원이 된 지진의 현장에서 내 나라 남녘 고향에 계신 아버지의 부음을 들었다. 남편은 어찌해야 좋을지 몰라 땅거미 지는 어둠보다 눈앞이 더 깜깜했다. 울컥하는 마음을 아무도 모르게 진정시켰다. 잠시 아버지가 원망스러웠다. 하필이면 이때에, 일 년 동안 편찮으신 아버지가 하필 이런 곤란한 지경에….

 남편은 개인의 일보다 자신에게 주어진 직분에 충실한 사람이다. 어머니와 통화를 했다. 장남은 젊은 나이에 죽고 차남은 외국에서 못 오는 형편에서 장례를 치러야 하니 쓸쓸한 마음이 오죽하시랴마는 걱정하지 말고 그곳 일에 신경 쓰라고 했다. 남편은 아무런 내색 없이 일정을 마치고 사흘 후 고국행 비행기를 탔다.

 아버님이 몸져누우실 즈음 나는 가방을 하나 꾸려 옷장 한구석에 준비해 두었다. 가방에는 남편과 나의 무색

옷 한 벌, 며칠 갈아입을 속옷과 양말, 세면도구 그리고 화장품 샘플과 생리대도 들어 있다. 언제든 연락이 오면 들고 공항으로 갈 채비였다. 그렇게 가방 꾸려 두는 일은 처음이 아니다. 친정어머니가 내일 돌을볕을 보실지 못 보실지 위중하던 때, 시숙의 병이 깊어 갈 때도 가방을 챙겨두곤 했다.

  나는 마침 일주일 체류 예정으로 한국에 와 있었다. 요양병원으로 가 아버님의 가랑잎처럼 앙상한 손을 잡았다. 다음날 일본으로 돌아가려고 서울에 있던 차에 부음을 들었다. 삼일장을 치르는 동안 남편은 오지 못했고 지차 며느리인 내가 소복을 하고 남편 자리를 대신했다.

  아버님이 임종하신 다음 날 해가 밝자 근조 리본을 단 화환이 줄지어 세워졌다. 아무리 보아도 이 상가의 차남인 남편을 연고로 한 화환은 하나도 없다. 당연한 일이다. 남편과 나는 진즉부터 약속했다. 한국에서 부모님 돌아가시면 우리 두 사람의 친구나 지인에게 알리지 않기로 말이다. 외국에 사는 십여 년 동안 그들의 애경사에 위로와 축하 자리를 같이하지 못했으니 우리의 일을 알리는 건 염치없다는데 생각을 모았다.

  이 땅을 떠난 지 십여 년 만에 연이 다 끊어졌다고 생각하니 고적감이 밀려왔다. 상중에 남편이 와서 보면 나와 같은 고적감을 느낄 것 같았다. 망설임 끝에 서울에 있는 남편의 친한 친구에게 전화를 했다, 부친상을 알리고 남편이 일본의 지진 때문에 못 오고 있다는 얘기도 덧붙였다. 거리가 머니까 안 와도 되고 작은 꽃바구니 하나만 보내주면 고적한 마음에 큰 위로가 되겠다고 말했다. 그 말은 보탠 것도 덜어낸 것도 없는 진심이었다. 나는 작은 꽃바구니 하나면 된다는 말을 한 번 더 강조했다.

  얼마 지나지 않아 긴 리본이 묶인 커다란 화환이 세워지더니 그날 늦은 밤 승합차 가득 타고 남편의 친구들이 서울에서 달려왔다. 미안하고 고마운 마음 잊을 수 없다. 남편의 연고이긴 하지만 내 나라 땅에 끊어진 끈이 다시 이어진 느낌이다. 나의 고적함 마음도 한결 든든해졌다.

(2012.)

그 아이는 지금

　김해공항을 이륙한 비행기는 대한해협 건너 후쿠오카공항에 내렸다. 이번 일본행은 서일본에만 머물다 갈 예정이기 때문에 도쿄 아들네로 갈 선물 상자를 공항에서 국내 택배로 보냈다. 짐을 보내고 나니 손이 가벼워졌다. 후쿠오카공항은 국제선 터미널과 국내선 터미널 거리가 멀어서 공항 내 순환버스를 이용한다. 국내선 도착 로비에는 하네다공항에서 출발한 친구들이 기다리고 있다. 후쿠오카에서 가까운 사가현에 사는 친구 부부가 우리를 초대하면서 차량과 숙소를 제공해주기로 했다. 친구 부부는 은퇴 후 남편의 고향으로 돌아와 선대에 지었다는 일본 고택을 지키고 있다. 큰 집이며 잔디밭 넓은 정원은 일흔을 바라보는 부부가 가꾸고 지키기에 노동량이 만만찮아 보인다.

　사가현에서 나가사키로 가는 길은 평야 지대다. 오월 하순 길 양편은 누렇게 익어가는 보리밭이다. 까마득하게 펼쳐진 보리밭 사이로 드문드문 농가가 보이고, 목장이 보인다. 차 안은 그들의 모국어와 웃음소리로 가득하다. 나는 전에 살았던 일본의 관동지방과는 사뭇 다른 창밖 풍경을 즐기고 있다.

　나가사키 오월의 신록이 푸르다. 가로수가 줄지어 서 있고 노면 전차가 다니는 시내 거리가 낯선 듯 정답다. 평화로운 해안 도시, 둘러싸인 산과 언덕 위로 하늘은 유난히 청명하다. 칠십여 년 전 나가사키 하늘을 덮었던 버섯구름의 흔적은 찾을 수 없다. 앞으로 영원히 풀 한 포기 나지 않을 거라던 폭심지 평화공원에는 아름드리나무가 울창하다. 내 마음도 창공처럼 푸르고 오월의 바람처럼 화창했다. 원폭 자료관을 둘러보기 전까지는 그랬다.

　원폭 자료관은 달팽이관처럼 시간을 거슬러 가듯 돌면서 내려간다. 벽에 걸린 사진과 전시물은 타다 남고, 녹

아내리고, 오그라든 채로 처참했던 당시의 모습을 보여준다. 참혹한 지옥도다. 아무런 죄 없이 당한 죽음보다 더 억울한 일이 있을까. 신음조차 할 겨를 없이 죽은 사람이 칠만 명. 죽음보다 더한 고통의 세월을 보내다 죽은 사람의 숫자는 더 많다. 누가 지초힌 희생인지, 누가 저지른 죄의 대가인지 가슴이 찢어지듯이 아프다.

사진 앞에 멈춰 섰다. 띠를 둘러 동생을 업고 있는 소년의 모습이다. 나는 오래도록 그 사진 앞을 떠나지 못했다. '활짝 피지도 못한 생명을 누가 이리 모질게 꺾었나.' 자국의 전쟁 광기가 어이없는 집단 희생으로 되돌려 받았다고 여겨졌다. 나가사키에 원폭이 투하되기 사흘 전 히로시마에 원폭 리틀보이가 투하되었다. 전쟁에 시달린 무고한 히로시마 시민 칠만 명이 그 자리에서 희생되었다. '그때 백기를 들었더라면 나가사키 시민은 살았을 텐데.' 하는 소용없는 넋두리를 하며 그 자리를 서성인다.

이토록 무서운 전쟁을 겪었으면서 한 세기가 지나기 전에 다시 무장하려는 이 나라의 지도자는 도대체 무슨 생각일까. 호전성인가, 잔인성인가. 얼마나 더 참혹한 세상 끝을 보려고 국법까지 바꿔가며 무장하려 드는 걸까. 원폭 자료관을 돌아보고 나온 우리의 얼굴은 모두 어두운 그림자로 그늘져 있다. 목소리는 가라앉았다. 그래도 시내 관광을 하고 맛있는 식사를 하는 사이 차차 2018년 5월로 다시 돌아와 우리의 얼굴은 제빛을 찾고 밝아졌다.

후쿠오카공항에서 헤어지며 다음 해 서울에서 만나기로 약속했다. 지나간 시간들이 필름처럼 지나간다. 차창 밖의 넓은 보리밭 풍경, 충격에 가슴이 먹먹했던 원폭 자료관의 전시물들, 전망대에서 내려다본 나가사키의 야경 그리고 오랜만에 만난 친구들. 꿈같이 흐른 나흘간 여행이다

비행기가 대한해협을 건너간다. 눈을 감자 칠십여 년 전의 그 사진 앞에 멈춰서 깊은 상념에 잠긴다.

그 아이는 지금

박찬정

울음을 참는지
울분을 참는지
앙다문 입

등에 업힌 누이는
고개는 넘어가고
사지는 늘어졌다.

오빠는 어느 틈바구니에 끼었다가
살아남아
죽은 누이를
연기로 날려 보내려고
차례를 기다린다

오빠 등에서 내린
어린 누이는
아장아장 걷다가
나풀나풀 날아
나가사키 하늘을 덮었던
버섯구름 밖으로 떠났다.

오빠
그 아이는 지금….

(2018.)

그루터기

비파나무 두 그루가 한 걸음 간격으로 나란히 서 있었다. 키가 훌쩍 큰 걸 보면 제법 긴 세월 비바람을 견딘 듯하다. 나무 꼭대기에 열린 열매는 사다리에 올라서서도 딸 수가 없어 농익어 떨어지거나 새의 몫이 된다.

남편은 진즉부터 한 그루는 베어내자고 했다. 나는 옆으로 뻗기가 자유롭지 못하여 키만 키우는 나무가 애처롭지만 아까운 마음에 망설였다. 비파나무는 이파리며 열매, 씨앗 어느 하나도 버릴 것 없이 약성이 있다고 문헌에 기록되어 있다. 유월 들어 비파가 노랗게 익으면 멀리서 보기만 해도 풍요로워 보이고 입안에는 저절로 침이 고였다. 해마다 그맘때면 잘 익은 비파를 따서 설탕에 재워 발효시키거나 잼을 만드느라 분주했다. 이파리로는 차를 만들었다. 뒷면의 털을 털어내어 썰고, 말리고, 덖었다. 차를 만드는 일은 노동이기보다 경건한 수행이고, 은은한 붉은 빛의 차는 맛이라기보다 사색(思索)이다. 혹독한 추위가 없는 남녘에서만 자라는 나무라서 윗지방에는 없다. 나는 해마다 잎이 필요한 사람에게는 잎을, 열매가 필요한 사람에게는 열매를 아까움 없이 따서 보냈다. 비파나무는 나에게 새로운 체험과 즐거움을 주었을 뿐 아니라 여러 사람 몸을 보한 귀한 나무다

 귀한 대접을 받아야 하는 나무를 한 그루 베어내자니 망설여지는 것은 당연하다. 묘목을 심을 때 나무가 클 것을 가늠하여 거리를 두고 심어야 하는데 너무 가까이 심었다. 곁에서 돌보지 못한 탓으로 옮겨 심을 기회마저 놓치고 말았다. 둥치가 커진 나무는 가지가 서로 부딪치고 얼기설기 걸쳐졌다. 그곳에 낙엽이 쌓이고 날벌레가 집을 지었다. 벌레집이 된 낙엽을 털어내느라 장대로 흔드니 병든 가지가 힘없이 부러졌다. 궁여지책으로 두 나무의 부딪치는 나뭇가지를 전지해 주기도 했지만, 근본적 해결

방법은 아니었다. 결국 한 그루라도 제대로 살리기 위해 곁에 있던 한 그루는 베어냈다. 남겨진 나무의 가지 사이로 바람이 자유로이 드나든다. 열매와 이파리를 제 힘껏 내어 주던 비파나무는 이제 그루터기만 남았다.

어머니의 집 베란다 구석에는 큰 항아리가 하나 있다. 예전에 쓰시던 물독이다. 어느 해 산야초 발효액을 만들기 위해 어머니께 달라고 했다. 평소에 무엇이든 네 살림에 소용되면 가져가라 하셨으니 항아리도 선뜻 주시려니 했다. 하지만 어머니는 그 속에 뭐가 잔뜩 들어 있다며 그냥 놔두라고 하셨다. 안 쓰는 빈 독인 줄 알았는데 뭐가 잔뜩 들었다니 궁금했다. 어머니 몰래 열어 보았다.

항아리 속은 생각보다 깊고 넓었다. 언제 쓰고 넣어 둔 것인지 모르는 시룻밑이며 체와 어레미, 내 얼굴을 다 가리고도 남을 만큼 커다란 나무 주걱 등이 들어 있었다. 조석이나 간신히 끓여 잡수시는 고령의 어머니 살림으로는 가당치 않은 묵은 살림살이다. 모질게 말하면 들추고 꺼내 볼 것도 없이 항아리째 내다 버려도 어머니 사시는 데는 아쉬울 게 없는 것들이었다. 하지만 나는 있던 그대로 다시 넣어 두고 나무쪽을 잇대어 만든 항아리 뚜껑을 조심스레 닫아 놓았다. 그리고 열어 본 체도 하지 않았다. 어머니가 넣어 두셨다는 것은 방금 내가 본 것이 전부가 아닌 것 같다. 항아리 속에 넣어 두신 것은 어머니의 젊은 날이있다.

예전에 어머니의 살림은 컸다. 월급쟁이의 빠듯한 도회지 살림이지만 늘 군식구가 끊이지 않았다. 고향의 부모 슬하를 떠나 와 있는 조카 한둘을 데리고 있는 것은 언제나 있는 일이었다. 전방에서 휴가 나온 군인도 으레 하룻밤 묵고 다음 날 거제도 가는 첫배를 탔다. 어선을 타고 먼바다에 나갔다가 돌아온 고향 사람도 거제도 가는 배편이 없으면 제집인 양 찾아 들었다. 불시에 찾아 든 식객이더라도 수저 한 벌 더 놓아서 먹이고 재웠다. 모든 게 넉넉지 못하던 시절, 그들을 거두는 노고가 만만하지 않았으련만 어머니는 불평이나 공치사하는 일이 없었다. 고향 사람들에게 당연히 해야 하는 일로 받아들이셨다.

수도 사정이 좋지 않았던 그 시절에는 시간제 급수를 많이 했다. 급수 시간이 정해져 있다고 모두 그 시간에 물을 받을 수 있는 것은 아니다. 수압이 약한 곳에서는 한밤중이 되어야 물을 받을 수 있으니 하루 동안 쓸 물을 그때 받아 두어야 했다. 허드렛물이야 밖에 놓아두더라도 식수는 깨끗하고 듬직한 항아리에 담고 뚜껑을 덮어 잘 간수했다. 어머니의 항아리는 그때 물독으로 쓰던 것이다.

첫배를 타러 떠나거나, 직장을 가거나, 학교에 가는 이들을 위해 어머니는 새벽에 일어나 그 독의 물을 떠서 많은 식구의 밥을 짓고 상을 차리셨다. 어머니의 일과는 물독을 여는 일로 시작되었다. 그 시절 물독은 부엌의 기본 살림살이였다. 독에 물을 채워두는 일은 꺼뜨려서는 안 되는 불씨처럼 늘 준비되어 있어야 하는 살림임에 두말할 나위 없다. 이제 물독이 원래의 쓰임새를 잃고 물이 말랐더라도 어머니에게는 여전히 소중한 살림살이이며 젊은 날을 함께 한 반려로 여기시는가 보다.

지금 어머니는 치매로 요양병원에 계신다. 평생 고향 사람을 거두고 큰살림을 도맡아 하느라 손에 물 마를 날 없던 어머니가 남의 손을 빌려 하루하루 사신다. 남의 곁

그루터기 45

은 배도 채워주던 어머니가 지금은 자식이 짐짓 배고픈 시늉을 해도 딴청을 하신다. 하물며 물독인들 기억하실까.

 베어낸 비파나무도, 물 마른 물독도, 심신이 쇠약해진 어머니도 본래의 힘은 잃었다. 그루터기만 남아 자리 지킴을 한다. 나는 오래전 물독이 있던 어머니의 정갈한 부엌을 기억한다. 이제 부엌에 물독의 자리는 없다. 비록 베란다 한구석, 먼지 덮인 채 있어도 물독이 주는 가르침은 기력 없는 어머니의 목소리보다 울림이 크다. 비파나무 그루터기가 그렇듯이.

이제는 말할 수 있다

    동네에서 한 발짝 벗어난 산 아래에는 우리 집과 이웃집 두 집뿐이다. 이웃집엔 나이 든 진돗개 호동이가 산다. 강아지 적부터 목줄 매는 것을 길들이지 않아 제 세상처럼 나돌아다닌다. 넓은 농장에 고라니나 멧돼지가 들어오지 못하도록 지키는 것이라고 했지만 가끔 아랫동네에 내려가 닭을 물어 죽이는 사고를 치기도 했다. 나는 개를 좋아하고 호동이는 사람이 그리웠다. 서로의 처지가 맞아떨어져 우리가 집을 짓는 동안 늘 우리 집 공사장에 와서 살다시피 했다. 공사장이라 위험하고 가로걸린다고 인부들이 쫓아내면 가는 척하다가 어느새 다시 와서 톱밥 먼지 날리는 공사장 한쪽을 차지하고 있었다. 어슬렁거리다가 두 다리를 쭉 뻗고 자거나 제집처럼 낯선 사람이 오면 짖기도 했다. 까불거나 재롱을 부리지 않는 것은 나이 탓이 아니라 호동이의 성격인 듯했다. 스스럼없이 구는 것 같아도 먹을 것을 주면 절대로 덥석 받아먹는 법이 없다. 사람이든 개든 친해졌다 해도 깊은 신뢰감을 갖기에는 지속적인 관계와 시간이 필요한 것 같다.

집이 거의 다 지어질 무렵. 우리 집에도 강아지 한 마리를 분양받았다. 진돗개 어미와 셰퍼드 아비 사이에서 태어난 믹스견이다. 셰퍼드의 골격과 진돗개의 영리함을 갖춘 사냥개를 얻기 위해서였다고 한다. 생후 40여 일 만에 어미 품을 떠나 온 강아지는 모든 것이 낯설고 두려웠다. 파고들 어미 품이 없어 제 몸을 한껏 오그리고 잔다. 낑낑거리는 것으로 제 의사를 표현하지만 어린 개의 심중을 알아차리지 못한다. 안아서 쓰다듬어 줄 뿐이다. 쌈지라 이름 지었다.

그날도 호동이는 일찌감치 우리 집으로 출근했다. 강아지를 보자 심기 불편한 기색을 보였다. 처음 보는 놈이 제가 주름잡는 영역에 함부로 들어 온 것도 눈에 거슬리는데 애정마저 빼앗겼다고 여기는 것 같았다. 그 순간 갑자기 호동이가 달려들어 내 팔에 안긴 강아지의 뒷덜미를 물어 낚아채더니 사정없이 흔들다가 패대기쳤다. 쌈지는 졸지에 당한 기습에 귀가 찢기고 여기저기 물려 피를 흘리며 사시나무 떨 듯했다. 상처가 아문 후 한 차례 더 호동이 폭력을 당한 우리 개 쌈지는 호동이의 하수가 되었다. 위협을 느끼면 얼른 배를 보이고 눕는 것으로 복종의 자세를 보이곤 했다. 호동이가 쌈지의 집을 빼앗아 차지하고 들어앉으면 쌈지는 밖에 쪼그리고 앉아 있곤 했다.

쌈지는 자라면서 얼굴과 골격에서 셰퍼드의 풍모를 갖추었고, 한 살을 넘기자 몸집과 힘은 다 자란 성견이 되었다.

늦가을 저녁 무렵 산책길에서 돌아오다가 고라니를 쫓고 있는 호동이와 마주쳤다. 사냥감을 보자 두 마리 개는 본능을 드러냈다. 죽은 고라니를 놓고 호동이와 쌈지가 한판 싸움이 붙었다. 먹잇감을 차지하려는 개의 본능과 과거 당했던 앙갚음으로 싸움은 격렬했다. 노견이 된 호동이는 한창 젊은 쌈지의 힘에 밀렸다. 남편과 내가 간신히 떼어 놓자 기진맥진한 호동이는 다리를 절며 제집으로 갔다. 어둑어둑해지는데 호동이네 집은 불이 켜져 있지 않았다. 아무도 없었다. 호동이가 자신의 부상에 대해 경위를 설명하기 전에는 호동이 수인은 영문을 알 리 없다.

얼마 후 호동이 주인에게서 그럴듯하게 각색된 호동이 무용담을 들었다. 호동이가 집채만 한 멧돼지와 한판 결투를 벌였다는 것이다. 온몸에 상처를 입고 눈 한쪽은 부었고 두 다리를 절룩거리는데 얼마나 심하게 싸웠는지 호동이가 기진하여 일주일 동안 제집에서 끙끙 앓으며 나오지 못하더라는 것이다. 약을 사다 먹여 겨우 회복시켰다고 호동이의 무모한 용맹성을 칭송했다. 나는 그게 아니라고 말하지 못하고 듣기만 했다. 자칫하다가는 이웃 간에 감정싸움이 될 것 같아 마음에 묻었다.

그 후 호동이는 우리 집에 얼씬거리기는커녕 쌈지 짖는 소리만 나도 줄행랑을 쳤다. 몇 해 전 호동이가 죽었다. 그리고 일곱 해 동안 애지중지 아끼던 우리 반려견 쌈지도 지난달 하늘로 떠났다. 두 당사자가 이 세상에 없는 이제야 그 일을 말 할 수 있다. 그해 가을 피 흘린 결투의 상대는 멧돼지가 아니라 이웃집 개 쌈지였다고.

(2019.)

해방구

    왜소한 몸매의 그녀가 우산을 접으며 아파트 현관에 들어섰다. 화장기 없는 얼굴은 파리해 보였다. 허둥지둥 서둘러 나가야 했던 일은 묻지 않아도 알만하다.
    "어머니한테 갔다 오나 보네."
    "예. 금방 숨 넘어 갈듯이 빨리 와 보라고 하셔서…."
그녀의 형편은 늘 그랬다.
    남매를 다 결혼시켰으니 홀가분하게 자신의 시간을 즐기며 인생 이모작을 꿈꾸는 나이건만 그녀에게 잠시도 한유한 시간은 없다. 같은 라인에 사는 친구의 권유로 등록한 복지관 취미 교실에도 간 날보다 빠진 날이 더 많다. 그녀가 남보다 게으르거나 의욕이 없는 것은 아니다.

그녀의 사정을 아랑곳하지 않고 시도 때도 없이 불러대는 시어머니와 친정어머니 그리고 시집간 딸 때문이다. 힘에 부치거나 다른 약속이 있어도 거절하지 못하고 달려가서 거들어주었던 것이 타성이 되었다. 다른 동기간들은 없느냐고 물어본 적이 있다. 자랄 때는 많은 것 같더니 뿔뿔이 흩어져 살아 지금은 많은 줄도 모르겠다는 게 그녀의 변명 같은 대답이다. 그저 만만하고 말 잘 듣는 자식만이 고달플 뿐이라며 가늘게 한숨을 쉬었다. 말수 적은 그녀가 나를 만나면 가끔 속엣 이야기를 한다. 푸념 몇 마디 들어주는 것뿐인데도 그녀의 얼굴은 한결 가벼워 보인다.

그녀의 연로한 시어머니는 혼자 산다. 지병을 앓던 시아버지는 몇 해 전 돌아가셨다. 오랜 병구완에서 놓여나 마음의 긴장이 풀린 탓인지 어머니는 지난해부터 치매 증세를 보인다. 요양보호사가 드나들지만 혼자 계시는 시간에는 가족이 마음을 놓을 수 없다. 남이든 자식이든 사람을 만나면 없는 일을 꾸며 내어 불평하고 이간질하는 것이 그 노인의 치매 증세다. 처음엔 오해하고 가족 간의 싸움이 되기도 했지만, 지금은 노인의 앞에서만 맞장구를 칠 뿐 곧이듣는 사람은 없다. 요양병원은 한사코 마다하고 시가의 다른 형제들은 남의 일 보듯 하니 마음 여린 그녀만이 힘겨운 숙제로 떠안고 있다.

원래 그녀의 친정은 서울 근교다. 조선소에 다니는 남편 때문에 거제도에서 살게 되었다. 객지에서 연년생 아이 둘을 돌보며 부업까지 하자니 힘들고 외로웠다. 마침 친정아버지가 타계하여 적적해진 친정어머니를 가까이 모신 것이 이십여 년 전이다. 노인에게는 그녀 말고도 자식 네 명이 더 있지만, 어느 자식도 노인을 반기지 않았다. 변변히 물려준 것이 없어서 맏아들에게 기댈 수 없다는 게 그 노인 나름의 염치 차림이다. 아무리 부모와 자식 간이라 해도 오래도록 따로 살다가 합쳐서 사는 것을 서로 원치 않는다. 그녀의 아이들 키워주신 품앗이로 어머니 보살피라고 떠미는 친정 형제들이 야속했지만, 자신이 혼자 감내하면 여러 형제 집안 편하다는 생각에 불평하지 않는다. 잔병치레가 잦고 식성이 까다로운 노인은 근래 들어 부쩍 투정과 노여움으로 그녀의 몸과 마음을 들볶는다.

　그녀의 딸은 결혼하여 인근 도시에 살고 있다. 맞벌이 하는 딸은 직장과 육아와 살림 세 가지 짐을 지고 외줄타기 하듯 아슬아슬하게 산다. 그 세 가지 중 하나라도 휘청거리면 그녀가 딸네 지원군으로 간다. 어느 때는 한 달에 서너 번 불려 갈 때도 있다.

　그녀의 남편은 아내가 그 많은 일을 무리 없이 감당하는 줄 알고 있다. 아내가 세 사람 중 누군가의 지원군으로 불려가서 부재중일 때는 군말 없이 혼자 식사를 해결한다. 그나마 남편이 베푸는 큰 선심이라서 고마워한다.

　그녀는 시어머니와 친정어머니, 그리고 딸을 지탱하게 하는 중심축이었다. 그 중심축이 아무도 모르게 기울어져 가고 있다.

　한 해 걸러 한 차례씩 받는 건강 검진에서 미심쩍은 부분이 있으니 정밀검사를 받으라는 통지를 받았다. 아무도 모르게 큰 병원에 가서 정밀검사를 받은 결과 신장암 진단을 받았다. 수술을 서둘러야 한다는 의사의 말을 듣고 돌아오는데 진동으로 해 놓은 휴대폰이 가방에서 부르르 떤다. 화면을 보니 시어머니가 살고 있는 동네 이름이 떴다.

 무뚝뚝한 성격으로 곰살스러운 데 없던 그녀의 남편이 적극적으로 팔을 걷고 나섰다. 그가 우선적으로 한 일은 아내에게서 두 어머니를 떼어내어 자신의 형제와 처가 형제들에게 각각 인계(?)했다. 딸에게도 이 기회에 엄마가 여차하면 받쳐주던 손을 떠나 홀로서기를 하도록 단단히 일렀다. 수술은 무사히 마쳤지만 고통스러운 항암치료로 기진맥진 입·퇴원을 거듭했다. 남편의 간호는 기대 이상이었다. 시가와 친가의 형제들이, 오랫동안 겪어 낸 그녀의 노고를 깨달아가며 어머니 봉양에 애쓰고 있다는 얘기도 들려왔다. 딸 역시 일인 다역을 무난히 해내고 있다. 남편이 아내의 투병을 구실로 철통같이 쳐 놓은 바리케이드 안에서 그녀는 지금 오로지 자신의 건강을 회복하기 위하여 안간힘을 쓰고 있다. 아무도 그녀를 부려 먹을 수 없다. 비로소 그녀를 지배하며 부려 먹던 세 명의 기득권 세력으로부터 놓여났다. 비록 암과 싸우느라 얻은 해방이지만 그녀는 이제 자유롭게 자신을 위하여 주어진 시간을 보낸다. 운신의 폭이 병원과 집과 시장 정도에 불과하지만, 그녀는 실로 오랜만에 해방구를 만끽하고 있다.

(2014.)

금연 분투기

 열흘째 살금살금 숨죽이며 살고 있다. 조심스럽게 남편의 눈치를 살피고 긴 시간을 부엌에 서서 간식이나 색다른 반찬을 만든다. 평소에 내가 쥐고 있던 TV 리모컨도 남편에게 양보했다. 하루에도 수없이 잔소리가 목구멍까지 올라오지만, 꿀꺽 참는다. 차라리 남편 앞에서 얼씬거리지 않는 편이 나아 뚝 떨어져서 본체만체하기도 한다. 사정을 모르는 사람이 보면 내가 한 재산 들어먹는 사고를 쳤거나 서방질을 하다 들통이 난 줄 알겠지만 얼토당토않은 말이다. 때로는 아무 죄 없는 내가 고양이 앞의 쥐처럼 지내는 게 억울해서 슬그머니 부아가 날 때도 있다. 피우라고 권한 적도, 끊으라고 성화를 부린 적도 없는 나를 남편이 금연 스트레스를 해소하는 샌드백으로 삼고 있는 것이다. 하루하루 잘 참아주고 있지만 나 역시 성질이 그다지 너그럽지 않아서 남편의 펀치를 얼마나 인내심 있게 견딜지 알 수 없다. 내가 못 참고 맞받아치기 전에 금연의 금단현상에서 놓여나길 바라는 마음이다.

　남편은 새해 들어 스스로 금연을 결심했다. 자신의 건강을 위해서이기도 하지만 흡연자를 마치 격리해야 할 사회악으로 몰아가는 분위기의 영향이 컸다. 흡연 지정구역이 아니면 주위의 눈치를 보며 피워야 하는 구차한 모양새가 금연을 결심하게 한 동기다. 담뱃값이 껑충 오른 것도 한몫했다. 남편의 금연 시도가 처음은 아니다. 하지만 결심이 그리 오래가지 못했다.

　평생 이어진 남편의 직업은 집중력과 끊임없는 아이디어가 요구되는 일이다. 잠깐씩 손을 놓고 생각을 가다듬을 때 담배 한 대 피워 무는 것은 그 나름의 휴식이고 재충전이었다. 은퇴를 해서 이제 핑계는 없어졌는데 습관은 남았다. 이번에는 단단히 결심한 모양이다. 금연을 시작하기 전 남편은 나에게 당분간이라도 잔소리를 하거나 자잘한 일로 신경 쓰게 하지 말라고 당부했다. 내가 최선을 다해 협조해주겠다고 약속했다.

삼십여 년 피우던 담배를 끊기가 쉬울 리 없다. 남편은 2차 성장기에 나타나는 성의 징후가 없을 뿐 영락없는 사춘기에 돌입했다. 걸핏하면 짜증을 부렸다. 하릴없이 바지 주머니에 손을 찔러 넣고 서성거리기도 했다. 변덕스러워졌다. 나가서 사람이라도 만나면 좋을 텐데 술자리가 금연에는 치명적이라며 만나는 자리를 거절했다. 연신 뭔가를 입에 넣고 우물거리니 금연하려다가 당뇨병으로 갈아타는 것 아닌가 염려되었다. 하지만 담배 중독성에서 헤어나기 위한 돌파구일 터이니 말리지는 않는다. 구멍 하나는 열어놔야 숨통이 트일 테니까.

참는다는 것은 큰 스트레스다. 아들아이는 중학교 다닐 때 사춘기를 겪었다. 아이의 기분은 하루에도 몇 번씩 롤러코스터를 탔다. 나긋나긋하다가도 불량스러운 얼굴로 대들곤 했다. 투정은 군말 없이 받아주길 바랐고, 참견은 거부했다. 기분 조절에는 재미있는 책에 몰입하는 것이 좋다고 늘 생각해온 터라 아이에게도 권했다. 하지만 권하면 튕겨 나가는 시기 또한 그맘때다. 예전에 친정아버지의 말씀이 생각나 조금 떨어진 거리에서 아이를 지켜보기도 했다.

"사람의 자식이 사람 되겠지. 개 돼지가 될 리 있소. 너무 속 끓이지 말고 지켜봅시다."

우리가 한창 속 썩일 나이에 어머니가 무자식이 상팔자라고 푸념을 하면 아버지가 하신 말씀이다. 아버지는 자식을 믿으셨던 것일까, 기대가 적었던 것일까. 부모님이 지켜보며 기다려 주는 동안 우리 형제들은 벗어났던 길에서 제 궤도를 찾아 돌아왔다. 그리고 내가 인내심을 가지고 세월을 삭이는 동안 아이의 질풍노도도 잠잠해졌다. 아이와 나는 동반 성장했다.

아이의 사춘기 이후 십사오 년만에 이번엔 징후가 조금 다른 남편의 사춘기를 지켜본다. 십 대 사춘기가 호르몬의 장난이라면 남편의 사춘기는 담배의 장난이니 한때 그러려니 하고 참아준다. 흡연의 욕망과 금연의 금단현상이 쌍으로 덤비고 남편은 흔들리며 버티고 있다. 지켜보는 마음 안타깝지만 절대로 무릎 꿇기를 바라지 않는다.

머지않아 싸움은 끝날 것이다. 금연에 성공하면 대첩(大捷) 기념비를 세워 주겠다고 농담을 하며 남편의 고군분투를 응원한다.

(2018.)

기억 여행

우산 하나 챙겨 넣는다는 걸 깜빡 잊었다. 마침 도쿄에 도착한 다음 날 아침부터 비가 온다. 며느리가 출근하면서 새 우산을 하나 내주었다. 현관 우산꽂이에 비닐우산 하나가 꽂혀 있는 걸 보았지만 며느리가 마음 써준 성의가 대견해서 챙겨준 우산을 들고 나섰다. 누구나 신접살림 때는 다 그렇듯 며느리의 살림도 허름한 것이 없다. 그러니 며느리의 물건을 빌려 쓰는 것이 여간 조심스러운 게 아니다. 혹시 바람에 우산살을 부러뜨릴까 걱정, 전차에 두고 내릴까도 신경이 쓰였다.

내가 전차를 타려고 홈에 들어섰을 때는 전차가 막 떠난 후라서 플랫폼은 텅 비어 있었다. 긴 의자에 앉아 기다리는데 의자 등받이에 걸린 우산 하나가 눈에 들어온다. 유명패션 메이커의 우산이다. 근처에 사람이 없으니 누군가 걸어놓은 채 잊고 간 것 같다. 들고 가고 싶은 충동이 인다. 값비싼 우산을 탐내는 것이 아니라 며느리 우산을 빌려 쓴 것이 신경 쓰이는 탓이라고 애써 합리화한다. 흑심을 털어내려고 다른 의자로 옮겨 앉았어도 저만치 의자에 걸린 우산에 자꾸 눈길이 간다. 굳이 손에서 놓지 않아도 될 작은 우산을 왜 걸어 두었을까. 어쩌면 우산의 주인은 잊고 간 것이 아니라 잊으려고 걸어두고 간 게 아닐까. 우산에 얽힌 인연을 마음에서 놓아 버리려고 일부러 걸어두고 간 것인지도 모른다. 오래전 젊은 날의 나처럼.

 이십 대 중반에 접어들었을 때다. 초여름 비가 오는 날, 점심시간을 이용해 멀지 않은 친구의 직장으로 찾아갔다. 우리는 각자 우산을 쓰고 밖으로 나왔다. 내가 든 우산을 보더니 그 사람이 사준 것 아니냐며 친구는 단박에 색다른 우산임을 알아차렸다. 겹으로 된 우산의 안쪽은 하늘색 천이고 바깥쪽은 두꺼운 비닐에 흰색 문양이

프린트된 보기 드문 우산이다. 점심을 먹으며 친구는 학교를 졸업하면 중등교사 임용고사를 보겠다는 포부를 이야기했고, 나는 휴학을 의논해 볼 계획이었으나 차마 말도 꺼내지 못했다. 헤어질 때, 내 우산을 친구에게 건네주며 바꾸자고 했다. 친구는 펄쩍 뛰었지만 나는 그녀의 검정 우산을 빼앗아 쓰고 빗길을 뛰었다. 내가 굳이 설명하지 않은 것처럼 친구도 우산을 바꾸어 간 이유에 대해 캐묻지 않았다. 자신의 사물함 구석에 세워두었으니 언제든 찾아가라고 했다.

결혼 적령기다. 주위의 친구들은 반려를 정했거나 탐색 중이다. 하지만 그녀나 나는 낮에는 직장을 다니고 저녁에는 야간대학을 다니느라 늘 허둥댔다. 남보다 먼저 책상 위를 정리하고 가방을 챙겨 일어서야 하는 마음이 편할 리 없다. 장학금을 받아 학비 부담을 덜자는 다짐은 짓누르는 무게만 보탰다. 세상을 다 끌어안을 것 같은 포부와 젊음이 있는 나이지만 직장과 학교에 묶인 이중생활은 늘 피곤하고 버거웠다. 무엇을 위하여, 어디로 향해 달리는 길인지 스스로 물어볼 만큼 떠밀려 가고 있었다.

다른 데에 눈 돌릴 여유가 있을 리 없는데 비가 오면 우산을 사서 건네주고, 추우면 목도리를 사주며 내 주위를 빙빙 도는 사람이 있었다. 친구들이 '연인인가' 의심(?)의 눈길을 보냈다. 가던 길을 멈추고 주저앉고 싶은데 의자를 내주며 손짓을 하니 마음이 끌렸다 직장과 학교, 맨몸으로 맞는 빗줄기를 피해 우산 속으로 들어서고 싶은 마음도 있었다. 그런 내 마음을 읽었는지 그는 거리를 좁혀왔다. 나는 엉거주춤 한 채 흔들리고 있었다.

그날 친구가 펼쳐 보인 포부는 포기하려는 나에게 큰 자극이 되었고, 우산을 억지로 떠맡긴 이유가 되었다. 거리를 두고 신중하게 생각하기로 했다. 우산은 그녀의 사물함에서 우기(雨期)를 보냈고, 내 주위를 빙빙 돌던 그 사람의 모습도 차차 안 보였다. 슬그머니 다가왔던 것처럼 말없이 돌아서 멀어져갔다. 그 후 우산은 어찌 되었는지 기억에 없다.

그때나 지금이나 나 스스로 갈등을 다스리는 방법은 거리 두고 시간 벌다이다. 빨리 결정하고 신속히 행동에 옮기는 요즘 젊은 세대들이 보면 답답한 해결 방법이다. 그렇지만 저만치 거리를 두고 비켜서서 내 마음의 기울기를 신중히 가늠해 보는 것도 후회하지 않는 선택 방법이라고 생각한다.

  전차 플랫폼 의자에 걸렸던 누군가의 우산이 삼십여 년 전 나의 기억 속 우산을 불러왔다. 이십 분 남짓한 시간이 흐르고 어느새 전차는 아카바네역으로 서서히 들어서고 있다. 우산을 챙겨 자리에서 일어났다. 먼 시간 거슬러 올라가 기억 속을 헤맨 줄 모르는 빗물은 여전히 차창에 사선을 긋는다.

                                                  (2017.)

2. 목걸이

목걸이
더불어 살기가 그리 쉬운가
동리와 목월의 고향 경주
각시붓꽃
사그락사그락
맛의 반은 그리움이다
담 안의 사람들
발을 위하여
사토선생지묘(佐藤先生之墓)
새벽달

목걸이

도쿄 메트로 긴자선(銀座線)의 좁고 어둑시근한 계단을 오른다. 밖으로 나와 마주친 긴자의 낯선 거리에 들어선다. 정이월 넘긴 햇살이라 찬 기운이 가신 듯해도 긴자의 빌딩 골바람은 앞섶을 파고든다. 찾아갈 곳이 따로 정해져 있지 않으니 눈은 두리번거리고 헤매는 발걸음은 마냥 느리다.

며느리에게 줄 목걸이 세공을 하러 나온 길이다. 목적은 아랑곳없이 명품관 구경 삼매경에 빠졌다. 도쿄에서도 비싸고 고급품을 판매하는 긴자 쇼핑가를 눈으로만 즐기고 있다. 먼저 해야 할 일을 끝내 놓아야겠지만 나중에 한들 대수랴. 애당초 값비싼 세공을 맡기려 했다기보다 유행하는 귀금속 디자인으로 눈 호사나 하려는 속셈도 있었으니까. 문득 그 작은 알갱이가 잘 있는지 핸드백 속의 작은 주머니를 손끝으로 확인한다.

보증서에 투명 테이프로 붙여 놓은 삼부의 작은 다이아몬드를 지닌 지 삼십 년이 되었다. 시어머니가 차남 장가들일 때 쓰려고 그때 돈 오십만 원 계를 타서 마련해 둔 것이라고 나중에야 들었다. 어머니가 점찍어 둔 며느릿감을 마다하고 아들은 제 마음에 드는 색싯감을 데려왔다. 어머니는 탐탁잖게 여기셨다. 결혼을 정한 후에도 어머니는 그 알갱이를 내놓지 않으셨다. 나는 그런 것이 있는지조차 몰랐다. 첫아이를 가져 배가 봉긋이 불렀을 때 어머니가 보증서가 같이 들었다며 대수롭지 않은 듯 조그만 색동 주머니를 건네주셨다. 나는 잔돈푼을 받아 넣듯 무심히 입고 있던 앞치마 주머니에 넣었다. 그리고 삼십 년을 묵혔다.

아들의 결혼을 앞두고 아들과 곧 며느리가 될 아이 앞에 작은 주머니를 내밀었다. 삼십 년 전 할머니한테 받은 것이라는 설명과 함께 신부 결혼반지 맞추라고 호기 있게 말했다. 며느리 될 아이는 의아한 표정이었지만 나는 결혼 준비물 중 한 몫을 해결한 기분이었다. 그 아이를 전차 역까지 배웅하고 들어온 아들은 색동 주머니를 도로 내놓으며 연인의 말을 전했다. 결혼반지는 당사자 두 사람이 장래를 함께할 약속의 증표로 서로 주고받는 것인데 그걸 어머니가 해준다면 결혼반지의 의미가 있겠느냐고 말하더라는 것이다. 나는 다이아몬드가 든 색동 주머니를 도로 받아 넣었고 두 사람은 결혼반지로 가느다란 18K 반지를 똑같이 해서 끼었다.

꺼내었다가 다시 집어넣은 색동 주머니를 일 년 만에 다시 꺼내 들고 긴자로 나온 것이다. 며느리의 첫 생일을 맞아 선물로 목걸이를 해주마고 했다. 며느리도 이번엔 토를 달지 않고 반색했다. 직장에 갈 때도 할 수 있도록 디자인이 화려하지 않았으면 좋겠다는 주문도 곁들였다. 이제야 그 알갱이는 쓰임새를 찾았다.

아들은 어릴 때 부모 따라 일본에 왔다. 누구나 살다 보면 원하든 기피하든 그 나라 문화와 관습에 익숙해진다. 아들아이는 제 또래의 일본 여자와 교제를 했다. 아들의 연인이 일녀(日女)라는 말을 들은 친정 오라비는 선대에 민족주의가 강하고 독립운동에 가담한 가문이라고 일침을 놓았다. 교제한다는 얘기지, 결혼을 정한 것은 아니라고 더 할 말을 잘랐다. 나 역시 아들의 결혼에 걱정이 없었던 것은 아니다. 과거의 뼈아픈 양국의 역사나 국가 간 첨예한 문제가 가족 간 골을 파이게 하지 않을까, 정치가나 일부 인사의 이권 발언이 갈등의 불씨가 되면 어쩌나, 성장 문화가 다른 사람이 가족이 되어 부딪혀야 하는 어려움도 있을 텐데…. 걱정하려고 들면 끝이 없었다. 며느리의 부모님도 우리와 비슷한 걱정을 했다고 한다.

다행히 며느리는 성격이 침착하고 생각이 어른스럽다. 가족 간 한국식이니 일본식이니 나뉘는 일은 없다. 가까이 사는 사돈네 가족들과도 화목하게 지내고 있다.

작은 보석은 이제야 목걸이로 세공되어 제 역할을 하게 되었다. 목걸이를 며느리에게 주기 전 고리와 메달을 찬찬히 살펴봤다. 아들이 "엄마! 며느리 주려니 아까워서 그래요?" "그래. 아까워서 삼 년만 내 목에 걸었다가 줘야겠다." 아들과 내가 농담을 주고받았다. 내가 손등이나 옷에도 문질러봤다. 세공된 부분이 매끈한지 옷의 올이 걸리지는 않는지 확인했다. 목걸이의 이음매는 튼튼하고 매끈하다. 시어머니가 여의치 못한 살림에 마련하시고 내가 고이 간직한 세월만큼의 의미가 보태어져 며느리의 목에서 빛나고 있다. 비록 작은 다이아몬드가 박힌 목걸이지만 우리 가족 삼대가 이어져 있어 더 가치가 있다.

그 다이아몬드 알갱이를 마련하신 시어머니는 치매로 요양병원에 계시다. 가족의 중간에 선 나는 한 손으로는 고령의 시어머니를 부축하고 다른 한 손에는 새 식구가 된 풋풋한 며느리의 손을 잡고 있다. 언젠가 잡은 손을 하나씩 놓아야 할 날이 올 것이다. 그날이 오면 잡은 손을 살며시 놓더라도 지금은 양쪽을 꼭 잡고 있다.

(2018.)

더불어 살기가 그리 쉬운가

 슬슬 짜증이 난다. 건너편 집 데크에서 온종일 짖어대는 조막만 한 개가 산자락 마을의 고요를 마구 흔들어 놓는다. 이사 와서 며칠간은 개도 동네가 낯설어 그러려니 이해했다. 두어 달 지났어도 계속 짖어댄다. 주인을 만나 말을 하고 싶지만 나 역시 개를 기르는 입장인데 남의 개를 두고 이러니저러니 할 수 없어서 꾹꾹 참는다. 애완동물로 인해 이웃 간 불화를 겪거나 사건으로 커졌다는 이야기를 심심찮게 들으니 얼마간 더 참아보기로 한다. 어떤 이에게는 반려동물이지만 어떤 이에게는 성가신 존재일 수도 있다. 무조건 참고 이해해야 할 의무도 없거니와 그러길 바라는 것은 무리다. 개가 인간과 유구한 세월을 같이 하면서 교감이 생기고 길들어져 친근하게 여기는 사람이 많아 곁에 두고 지내는 사람이 많다.

  일본에 있을 때 일이다. 집에서 가까운 역 근처에 시에서 운영하는 유료 자전거 주륜장이 있다. 이용료 수납과 주변을 청소하는 관리인은 모두 노인이다. 노인 일자리를 제공하는 실버센터에서 파트타임으로 파견한다. 관리인 할머니가 출근하는 시간이면 근처 떠돌이 고양이 대여섯 마리가 모여든다. 할머니의 가방에는 생선과 닭고기를 익혀서 잘게 찢은 고양이 먹이가 들어 있다. 모여든 고양이들을 구석 자리로 몰고 가 생선과 고기에 마른 사료를 섞어 두부 팩에 제각각 나누어 준다. 할머니의 눈과 손은 바쁘다. 누군가 곱지 않은 눈으로 지켜보지나 않을까 두리번거린다. 고양이들이 다 먹기를 기다렸다가 얼른 먹이 그릇을 치우고 고양이들을 해산시킨 후 하루 일을 시작한다. 얼마 안 되는 할머니의 용돈벌이가 떠돌이 고양이 먹이값으로 충당되는 것을 걱정하면 할머니의 대답은 간단하다. 내가 좋아하는 데 쓰려고 버는 돈이니 전혀 아깝지 않다고 한다.

어느 날 시립 주류장 관리인이 바뀌었다. 실버센터에서 그 할머니를 다른 곳으로 이동시켰다. 떠돌이 고양이들에게 먹이를 준 것이 원인이다. 고양이 배설물과 울음소리로 인근 주민의 민원이 있었다. 새로 온 관리인은 떠돌이 고양이가 얼씬거리지 못하도록 긴 빗자루를 휘둘러 쫓았다. 사람 사는 동네에서 사람에게 맞는 환경이 우선이긴 해도 배고픈 떠돌이 고양이 하나 어우르지 못하는 사람의 이기심이 야속했다. 인간과 짐승, 생명의 무게를 동등하게 인정하는 것은 어불성설이다. 가치를 구분해 놓고라도 더불어 살기는 말처럼 쉽지 않아서 반려동물 기르기에 갈등을 느끼는 이들도 많을 것이다.

몇 해 전만 해도 우리 집 건너편에 나지막한 동산이 있었다. 거기에는 산비둘기, 꿩 등 산새가 많았다. 우리가 이사 온 이듬해 전원주택 열다섯 채의 조감도가 길목에 나붙었다. 얼마 후 건너편 산으로 중장비가 줄지어 들어갔다. 잡목림이긴 해도 그만큼 우거진 숲이 되기까지 수십 년은 걸렸을 텐데 불과 며칠 만에 나무가 다 잘려 나가고 황토 바닥이 드러났다. 산을 깎아내린 흙을 실어내고, 그 자리에 콘크리트를 쏟아부었다. 중장비 소음과 기계 소리가 상당 기간 이어졌다. 원래 그곳에 살던 날짐승 들짐승들은 보금자리를 잃고 뿔뿔이 흩어졌다.

전원주택단지가 완성되어 사람 사는 흔적이 생기고, 텃밭을 가꾸자 그동안 띠났던 새들이 돌아왔다. 이사 온 사람들은 처음에는 산새 울음소리를 신선하게 여겼다. 얼마 지나지 않아 사람들은 새들이 성가시다고 한다. 달갑지 않은 손님은 산새들뿐이 아니다. 까마귀와 떠돌이 고양이가 쓰레기를 헤집어 놓았고 밤에는 고라니가 텃밭 푸성귀를 넘보았다. 밭을 망치고 배설물로 테라스 난간을 더럽히자 화약총을 쏘고, 눈이 부시게 펄럭이는 은박지 허수아비를 장대에 매달아 세웠다. 도시의 혼잡을 피하여 온 전원에서 또 다른 상대를 만나 분투하고 있는 것 같다.

사람들은 하기 좋은 말로 더불어 사는 세상이니 서로 보듬어 자연 친화적으로 살아야 하지만 쉽지 않은 일이다. 한쪽이 희생을 감수하거나 사람의 배려와 인내가 요구되거나 책임이 따르기도 한다. 끌어안고 살 것인지 내치거나 쫓기며 살 것인지 제 나름 삶의 선택이다.　　　(2019.)

동리와 목월의 고향 경주

토함산 기슭으로 향한다. 경주는 신라 문화와 세계유산을 먼저 떠올리지만, 오늘의 행선지는 다른 곳이다. 김동리 소설가와 박목월 시인의 고향을 찾아간다.

10월 9일 한글날은 내가 활동하는 수필문학회가 연중행사로 정해놓은 문학기행 날이다. 그때쯤 날씨는 춥지도 덥지도 않은데다가 아랫녘엔 아직 단풍 들지 않았으니 도로가 혼잡하지 않아 당일치기 여행을 하기에는 맞춤한 시기다. 경주는 중학교 3학년 봄 수학여행을 다녀온 이래 수없이 다녀왔다. 경주에 갈 때마다 첨성대에 갔고, 박물관에 갔다. 번번이 불국사 유네스코 세계유산 표지석 앞에서 사진을 찍었다. 동반한 일행이 다를 뿐이다. 이번엔

동리 목월의 문학관으로 향했다. 경주에 와서 신라 천년 문화재를 못 본 척 지나치는 것이 마음 한구석 켕기지만, 시와 소설의 양대 산맥 자취를 더듬어 보는 데에 의미를 두기로 했다.

김동리와 박목월 문학관은 한 지붕 아래 마주 보고 있다. 저서는 물론 육필 원고와 집필 도구, 안경까지 정돈되어 전시되어 있고 영상실에서는 두 작가의 생애를 감상할 수 있다. 그동안 내가 여러 문학관을 통하여 둘러본 작가의 생애는 문학이 대우받지 못하는 사회적 환경으로 가난하고, 지병으로 단명했거나 편향적 사상으로 갖은 고초를 겪는 데 비해 김동리 소설가나 박목월 시인은 비교적 안정된 삶을 살아 온 듯하다. 문학에 대한 사회적 평가가 나아졌다고 할 수도 있다. 인간적이고 자연 친화적인 글로 보아 이데올로기에서 다소 비켜선 데에도 영향이 있을 것 같다.

소설가 김동리가 태어난 마을은 무당촌이었다. 자고 깨면 듣는 무녀의 주술 소리와 춤이 무녀도의 바탕이 되었다고 여겨진다. 웅숭깊고 남다른 관찰력이 그의 문학성을 키웠을 것이다.

　문학관에 걸려 있는 그의 시 「패랭이꽃」 첫머리를 가만히 읊조려 본다.

　　　파랑새를
　　　쫓다가
　　　들 끝까지 갔었네
　　　…

　문학관 박목월의 방에서는 자연 지향적이고 향토적인 편안함이 있다. 교과서에서 배운 시를 시인의 육필로 만났다. 영상실에서 보았듯이 박목월 시인이 태어나고 초등학교에 다닌 모량과 건천은 목가적인 전원의 풍경이다. 경주의 왕릉과 절 마당은 시인의 감성을 풍부하게 키웠다. 박목월 시인의 아들 박동규(전 서울대 교수)의 저서 『사랑하는 나의 가족에게』에도 아버지 이야기가 많이 나온다. 아버지 박목월은 그의 시처럼 성품이 부드럽고 온화했다고 한다.

　동리목월기념사업회의 활발한 활동이 엿보인다. 동리

목월 이름을 딴 문예창작 대학을 운영하여 문학인을 양성하고 정기 간행물 출판, 문학상을 제정하여 해마다 시상하고 있다. 유치환 시인의 고향에 사는 나는 동리목월기념사업회가 마냥 부럽다.

갈 길이 바쁘다. 옥산서원을 들러 녹락당, 양동마을까지 돌아보려면 서둘러야 했다. 옥산 서원은 성리학 연구에 전념했던 회재 이언적의 덕행과 학문을 기리기 위해 조선 중종 때 지어진 건축물이다. 마음을 씻고 자연을 벗 삼아 학문을 구하는 것이 성리학의 기본이라고 한다. 옥산서원과 독락당은 물과 바람의 어울림이 좋다. 세인이라면 학문보다 놀이에 빠질 성싶게 운치가 있다. 풍류도 마음의 수양이고 공부라고 한다면 이곳보다 좋은 곳이 있을까.

독락당에서 멀지 않은 곳에 통일신라시대 건축물 정혜사지 십삼층 탑이 있다. 독특한 양식의 석탑이다. 보고 가자는 사람보다 짧은 가을 해 저물기 전에 다음 행선지로 갈 길이 바쁘다는 사람이 더 많아 할 수 없이 발길을 돌렸다. 한번 보고 싶었던 나는 아무 말 못 하고 마음 접었다. 가다가 돌아서면 못 가본 길이 더 아쉬운 법. 그래도 남겨 두고 떠나야 다시 오겠거니.

(2019.)

각시붓꽃

　지난해 이맘때 봤는데 아무리 찾아봐도 없다. 꽃이 피기 전 가느다란 외떡잎 새순만으로는 찾아내기 무리인 줄 알면서도 마른 풀을 헤쳐 가며 찾고 있다. 꽃이 피었더라도 탐스럽거나 눈에 띄게 화려하지 않다. 혹시 못 보고 봄을 넘기게 될까 봐 조바심이 났다. '여기 있었네.' 양지쪽 묏등걸이*에서 찾아냈다. 연보라색 꽃 한 송이는 피고 봉오리는 다소곳이 기다리고 있다. 풀밭에 주저앉아 꽃을 두 손으로 감쌌다. 손안에 들어온 작은 풀꽃 한 송이로 마음속 깊숙이까지 봄 햇살이 퍼졌다. 봉오리는 금방 보라색 물감에 담갔다가 빼낸 붓끝처럼 섬세했다. 다음날 다시 찾아오기 위해 그 언저리를 눈여겨봐 두는 것도 성에 차지 않아 나뭇가지를 꽂아 표시해 놓았다.

각시붓꽃을 처음 본 것은 새로 지은 집으로 이사 오던 해 봄이었다. 이사 후 아침마다 개를 데리고 남편과 뒷산에 올랐다. 우리가 오르는 산길 양지쪽에는 아랫마을 사람들의 공동묘지가 마을을 내려다보고 있다. 내가 찾는 풀꽃을 그 근처 어딘가에서 보았다. 잡목과 풀이 무성해지기 전이니, 이즈음이었다. 인적 드문 고즈넉한 무덤 언저리에 핀 단아하면서도 기품 있고 귀여운 매무새의 풀꽃이 나를 사로잡았다. 해마다 이맘때면 각시붓꽃을 찾기 위해 남의 산소를 마구 타넘어 다니곤 했다. 첫해에는 무슨 꽃인지 이름도 모른 채 좋아했고, 그 이듬해에는 사진을 찍어 검색창을 뒤졌다. 뿐만 아니라 서너 포기를 어렵사리 캐어 마당 한쪽에 심었다. 산에 오르지 않고도 편하게 혼자 독차지하고 보려는 욕심이 있었다. 하지만 꽃이 지고 어여쁜 자태가 사라지자 여느 잡초와 구별조차 되지 않았다. 이듬해 봄 그 자리에서 새싹이 나고 꽃이 피기를 기다렸지만 흔적을 찾을 수 없었다. 그 이듬해도 그랬다.

각시붓꽃은 식물도감에 따르면 삭과식물이라 씨주머니

가 터지면서 씨가 튀어서 번식하는 다년초 식물이라고 되어 있다. 마당 곳곳에서 그 꽃을 보게 되리라고 성급한 꿈을 꾸었다. 하지만 무모한 욕심이자 허황된 꿈이었다. 이식을 싫어하는 식물이라 자생지를 떠나면 뿌리내리기가 매우 어렵다고 한다. 더구나 잘 키워보려고 거름을 주고 하루 한 번씩 물을 주었으니 척박한 자생지에서 살던 각시붓꽃에는 오히려 적응하는데 장애가 되었던 모양이다.

한동네에 살며 알게 된 그녀는 동남아에서 우리나라로 시집왔다. 대부분의 경우가 그러하듯이 그녀는 남편과 나이 차이가 크다. 나이 먹어가는 아들을 짝 지워주기 위해 그의 부모가 논 마지기나 팔았다는 후문도 들었다. 지금은 어린이집에 다니는 큰아이와 두 살 터울 진 형제를 두고 있다. 조선소에 다니는 남편의 수입과 시부모의 것이기는 하지만 넓은 농지, 쾌적한 양옥집, 겉보기에는 어느 것 하나도 그녀의 모국 생활에 비해 모자람이 없다. 시부모는 손주를 둘이나 안겨 준 며느리를 대견해하고, 남편은 아내가 성장기에 겪었을 가난과 결핍을 가엽게 여기고 채워주러 애쓴다. 그러나 그녀의 앳된 얼굴에는 늘 힘겨움이 가득하다. 생기 없이 시들시들한 모양이 내가 보기에도 안타깝다.

그녀가 더듬거리는 우리말로 나에게 말했다. 나 역시 그녀가 더듬거린 만큼 대충 알아들었을 뿐 속마음을 다 헤아릴 수는 없었다. 시집갈 나이가 되지 않았고, 생각도 없었는데 아버지가 작은 고깃배 한 척 갖고 싶은 욕심에 그녀를 시집보냈다. "내 삶을 스스로 결정하지 못하고 타인이 무리하게 던져놓은 것 같아 화가 날 때도 있지만 아버지와 오라비가 그 고깃배를 밑천 삼아 살림을 꾸려가니 후회는 없다."고 했다. 고향에 가고 싶은데 안 보내주는 남편에게 말을 거들어 달라는 것이 그녀 이야기의 요지다. 부모 형제에 대한 그리움인가, 이국생활 적응하기 어려움인가 물었다. '두 가지 다'라는 말에 내 가슴이 철렁 내려앉았다. 그녀의 여권은 시어머니가 간직하고 있다고 한다. 혹시라도 며느리가 모국에 가서 돌아오지 않을 것을 우려해서다. 그녀의 이야기를 듣고 나니 나 역시 그런 우려감이 들었다. 외국인 며느리를 얻은 사람들 사이에서 종종 그런 일이 있다고 듣기도 했다. 서툰 말이라도 자꾸

하면 말이 늘고, TV 드라마도 보고 또래 친구를 사귀면 차차 생활이 즐거워질 거라고 어깨를 토닥여 주었다.

나도 외국에서 십여 년간 산 경험이 있다. 말과 문화가 다른 사람들 속에 살면서 겪는 그들의 고충을 누구보다 잘 이해한다. 어린 나이에 멀리 떠나 와서 사는 그녀. 내가 고향에 보내줄 수는 없지만 마음을 기댈 수 있는 버팀목이 되어 주고 싶다.

올봄에는 각시붓꽃 뿌리를 다치지 않게 자생지 주변의 흙을 같이 캐어 왔다. 제 고향 흙으로나마 낯섦을 덜어주고 싶었다. 산과 들, 풀과 나무에 생기가 오른다. 멀리 시집온 이방인 어린 각시들이나 우리 마당에 옮겨 온 각시붓꽃이 생기를 찾고 굳게 뿌리내리기를 기대해 본다.

(2014.)

*묏등걸이 : 묘의 봉분과 그 둘레를 일컫는 경상도 지방 사투리.

사그락사그락

　실금이 가 있다. 들었다 놓을 때마다 사그락사그락 소리가 난다. 귀에 낯설지 않은 것을 보면 어디선가 자주 들어 본 소리다. 자배기를 조심스레 내려놓는다. 테두리에 감겨있는 철사가 녹슨 걸 보면 금이 간 지도 오래되었나 보다. 사연 있는 이 장독대에 나이 먹지 않은 것은 없다. 큰 독, 작은 독, 멸치 젓국 냄새가 배어 있는 독과 소래기, 자배기, 구석에 숨겨둔 약탕관까지 다 내가 헤아릴 수 없는 나이를 먹었을 게다. 간장 수십 독은 퍼냈음 직한 아름드리 장독에서는 여전히 진한 짠내가 난다. 대가족 둘러앉은 밥상 냄새가 거기에 있다.
　도시로, 외국으로 돌다가 예순을 바라보는 나이에 시외

가 가까운 동네에 집을 짓고 살게 되었다. 남편은 어릴 때 방학이면 외가에 와서 지낼 때가 많아서 외가에 대한 추억이 소복하다. 시외가는 한때 열 명이 넘는 대가족이었으니 부엌살림의 규모도 컸다. 외조부모님이 차례로 돌아가시고 외사촌들도 결혼하여 따로 일가를 이루었다. 식구가 단출해졌어도 살림은 줄지 않았다. 같이 먹던 밥상을 따로 먹을 뿐이지 간간하고 감칠맛 나는 장이며 젓국이며 장아찌는 다 그 장독대에서 퍼내갔다.

시외숙모님이 수술을 받고 큰살림 건사가 어려워졌다. 살림살이를 단출하게 정리하기로 하셨다. 장독대도 거기에 포함되어 있다. 들어 있던 내용물을 다 퍼낸 빈 독은 아무도 거들떠보지 않는다. 거추장스러운 짐으로 남았다. 모두 아파트에 사니까 갖다 놓을 곳 없다는 말이 이해는 된다. 평생 식구들 세 끼니의 원천이었던 장독을 헌신짝 내버리듯 할 수 없는 외숙모님은 혼자 애를 태웠다.

"너희 집 울안이 넓으니 항아리들 가져갈래?"

솔깃했다. 내 살림에 소용될 리 없지만, 장독대가 탐났다. 우리 집 마당 양지바른 곳에 단란하게 놓일 항아리들이 흐뭇하게 그려졌다. 큰 독이 세 개, 중간치 네 개와 올망졸망한 작은 항아리들, 소래기, 자배기, 크고 작은 시루 등 대가족 장독대 일습이 트럭에 실려 왔다. 장독이 놓일만한 자리를 마련하기까지 마당 한쪽에 기우뚱, 엉거주춤 부려져 있었지만, 이제는 제 자리를 찾았다.

두 식구뿐인 살림에 우람한 독을 채울 것은 아무것도 없다. 작은 항아리 하나를 골라 밑바닥에 주먹만 한 자갈을 깔고, 솔잎을 두툼하게 깐 위에 굵은 소금을 채워 두었을 뿐이다. 장독대는 오래전부터 그 자리에 터 잡고 있던 것처럼 그럴듯했다. 장독대만 보면 대가족이 사는 집으로 보일 터이니 방범 역할로도 한 몫 톡톡히 할 것 같다.

콩나물을 키워보려고 가장 작은 시루를 집어 들었다. 그것 역시 오랫동안 쓰지 않고 볕 바른 장독대에서 잠들어 있었던 타라 사그락거리는 소리가 났다. 충격을 주면 깨질 것 같아 조심스럽게 다뤘다. 쓰는 사람이 조심하여 다루기만 하면 시루는 제 역할을 충실히 해냈다. 자배기도 실금에서 나는 소리가 났지만, 밖의 수돗가에서 쓰는 데는 문제가 되지 않았다. 오히려 물기를 머금으니 신기하게 실금 소리가 나지 않는다. 자배기가 말짱하게 생기를 찾은 듯한 착각마저 들었다.

묵직한 소래기는 장독 뚜껑으로 쓰고 자배기는 밖의 수돗가에 두고 쓰려고 한다. 쓰다가 보면 턱에 이가 빠지기도 하고 오래가지 않아 못 쓰게 될 수도 있을 것이다. 그래도 줄창 장독대에 두어 햇볕에 삭는 것보다 쓰임새 맞추어 사용하는 것이 옹기 자배기에 대한 걸맞는 대접 아닐까. 생물이든 무생물이든 역할을 잃는다는 것은 점점 존재 의미도 사라지는 것이다.

시어머니가 치매로 여섯 해를 요양병원에서 지내시다가 아흔두 살에 돌아가셨다. 처음에는 요양병원에 모실 수밖에 없는 자식들의 형편이 죄송해서 뻔질나게 드나들었다. 어머니는 점점 역할을 잃어갔다. 어머니의 하루 일과는 한 평도 안 되는 침상 위에서 다 이루어졌다. 먹는 일, 자는 일, 배설의 일까지. 치매 앓는 어머니를 보면서 사람이 생존의 기본 역할을 잃어버린다는 것은 살아가는 의미를 상실하는 것 같아서 두려웠다.

내 나이 예순 중반이 되었다. 아직 신체나 정신이 멀쩡하다고 큰소리치지만 실은 삐걱거린다. 자배기 실금에서 나는 사그락사그락 소리가 나의 몸 여기저기에서도 나는 것 같다. 흙으로 빚은 옹기의 실금 소리가 사람 몸에서 날 리 없지만 조심해서 다루라는 신호인 것은 확실하다. 일인 다역으로 혹사하던 시기는 지났고 자의든 타의든 사회적 역할도 줄었다. 욕심을 부려 무리를 하면 몸이 먼저 알고 앓는 소리를 낸다. 쓰기와 쉬기를 잘 나누어야 하는데 쉽지 않다. 자배기는 많이 쓰다가 실금이 갔고, 시루는 너무 오래 쉬다 보니 햇볕에 삭아서 사그락사그락 소리를 내는 것 같다. 내 몸을 적절히 사용하는 일은 의사가 할 일도, 가족이 할 일도 아닌 나 자신이 할 일이다. 살아있는 동안 챙겨야 하는 쉽고도 어려운 숙제다.

(2020.)

맛의 반은 그리움이다

첫째 이야기

 장마철을 지내며 미역이 눅눅해졌다. 지난겨울 해녀가 딴 자연산 물미역을 사서 말린 것인데 갈무리를 잘해 두지 않아 습기를 먹었다. '저승에서 벌어 이승에서 산다.' 할 만큼 해녀가 위험을 무릅쓰고 애써서 딴 것인데 버릴 수는 없다. 날이 개면 널어 말릴 요량으로 다시 싸둔다.
 그때가 이월 말경일 게다. 한낮엔 어렴풋한 봄기운이 있어도 아침저녁으로는 옷깃을 세워야 하는 계절의 언저리였다. 올해 서른여섯 살 된 아들의 출산을 한 달여 앞두고 부산에 사시는 시어머니 전화를 받았다. 기차 소화물로 해산 후에 먹을 미역을 보냈으니 영등포역에 가서 찾으라고 하신다. 깜짝 놀랐다. 나는 기차역이라면 개찰구와 플랫폼밖에 모르는데 넓은 영등포역 어디에 가서 소화물로 온 미역 꾸러미를 찾으라는 건지 가늠이 되지 않았다. 하지만 그 일을 할 사람은 나밖에 없다. 직장 가야 할 남편이 할 수도 없거니와 그 사람 역시 역에서 소화물을 찾아봤을 리 없다. 해 보지 않은 일이라고 못 할 것은 없다. 입 있고, 눈도 있고, 귀가 있는 것만 믿고 영등포역으로 갔다. 부른 배를 안고 물어서 물어서 찾아간 소화물 보관소에서 만삭의 배 둘레보다 더 큰 미역 짐을 건네받았다. 부피에 비해 무게는 그다지 무겁지 않았다. 해산할 며느리 먹일 것이니 좋은 미역을 따서 잘 말려 달라고 시어머니가 친정 거제도의 해녀에게 미리 부탁하셨다고 한다.

산 구완을 해주신 친정어머니는 커다란 국 대접으로 가득 떠주시며 "미역이 얼마나 맛있고 좋은지 몰라. 산모에게는 미역국만큼 좋은 것이 없다. 잘 먹어라." 그렇지 않아도 끼니마다 먹는 미역국이 물려 가는데 앞으로도 내

내 먹으라니 짜증이 났다. 내가 짜증을 내고, 나이 드신 어머니가 애쓰시는데 공 모르는 소리를 해도 친정어머니는 늘 상머리에 앉아 갓난쟁이를 안아 어르고 계시다가 남기지 않고 다 먹은 걸 보고 나서야 상을 내가셨다. 류머티즘 신경통을 앓아 성치 않은 손으로도 산모 미역국은 가위나 칼로 자르지 않는다며 미역을 손으로 일일이 뜯어서 바락바락 주물러 빨아 끓이셨다. 삼칠일(21일간) 내내 정성으로 미역국을 끓이고 산 구완해 주신 친정어머니는 오래전 돌아올 수 없는 먼 길을 가셨다. 얼마 전 거제도를 여행 중이던 선배님이 해산 앞둔 며느리에게 줄 미역을 사셨다. 맛이 제일 좋다는 상인의 말을 믿고 기다란 장미역을 한 장 사신다. 영등포역 소화물로 태산같이 보내신 양에 비하면 턱없이 적지만 양이 문젠가. 삼십육 년 전 우리 어머니가 해금강 해녀에게 부탁하여 보내셨던 미역처럼 맛있으면 된다.

둘째 이야기

저녁상에 국물 잘박잘박한 돌나물 물김치 한 보시기 담아 놓으며 "나는 돌나물 물김치 먹으면 생각나는 두 분이 계세요. 한 분은 그 김치를 담근 우리 친정의 큰어머니고 또 한 분은 우리 엄마." 남편은 나의 뒷말을 기다리며 김칫국물을 한술 뜬다.

자그마한 원 도어 냉장고를 한 집 두 집 장만할 때이고, 채소 시설재배가 요즘처럼 흔하지 않던 때니까 아주 오래된 이야기다. 큰 시장에 가야 아랫녘에서 올라오거나 근교 비닐하우스에서 재배한 채소를 팔았다. 삼월 이맘때 할아버지 제사가 있다. 그때가 되면 큰어머니가 돌나물 물김치를 담가서 냉장고에 넣어두셨다가 제사 후 음복하는 상에 내셨다고 한다. 제사에 다녀오신 어머니는 돌나물 물김치 한 수저 떠서 입에 넣으면 얼마나 산뜻하고 입이 개운한지 다시는 묵은김치에 젓가락이 가지 않을 것 같다고 하셨다. 겨우내 먹은 김장 김치가 물릴 때도 되었고, 김장 항아리를 아무리 그늘진 곳에 묻었어도 날씨가 푸근해지면서 군내가 나기도 했겠다. 그렇다고 어머니가 바로 돌나물을 사다가 물김치를 담그는 것은 아니다. 어머니도 식구들에게 산뜻한 햇김치를 먹이고 싶지만 살림은 팍팍했다. 입에 물렸어도 지지거나 볶아서 김치 항아리 바닥이 난 후에야 얼갈이배추를 사서 김치를 담그셨다. 물론 그 당시 우리 집엔 냉장고도 없다. 돌나물 물김치는 미지근하면 맛이 덜하고 오이김치처럼 쉽게 시어진다는 걸 훗날 내가 담가 보고 나서 알았다.

　겨울 혹한이 없고 봄이 일찍 오는 남녘 우리 동네 밭에는 온갖 푸성귀가 지천이다. 내가 가꾸지 않더라도 서로가 나누어 주니 푸성귀 아쉬움은 전혀 없다. 애써 가꾸지 않아도 때가 되면 저절로 나는 돌나물이나 돌미나리도 묵정논과 논둑에 얼마든지 있다. 어머니가 계신다면 내가 담근 상큼한 돌나물 물김치를 맛 보일 텐데. 어머니에게 보여드리고 싶고, 맛보이고 싶은 것이 어디 돌나물 물김치뿐인가.

셋째 이야기

　한국에 다녀온 지인이 먹어보라며 양회색 말간 감자송

편 세 개를 차와 함께 내놓았다. 친정어머니가 감자송편을 미리 사서 냉동해놨다가 출국하는 날 가방 옷 갈피에 넣어 주어 상하지 않고 일본에 갖고 왔다고 한다. 한국에서는 떡집 어디서나 팔아도 사 먹지 않았는데 바다 건너까지 온 감자송편 세 개는 감질나게 맛있었다. 감자녹말의 쫄깃하고 송편 소 달콤한 고물 맛에 입안이 즐거웠다. 나도 한국에 가면 감자송편을 사 오려고 별렀다.

  그해 가을 한국에 갈 일이 있었다. 감자송편 사는 것을 잊지 않았으나 꼭 사서 가져가야 할 짐이 많아 송편까지 사서 넣을 만한 공간이 없다. 미리 사서 냉동했다가 꼭꼭 싸서 옷 갈피에 넣어 주실 친정어머니도 안 계시다. 바로 갈 길이 없어도 돌아서 갈 길은 있는 법. 우리 농산물 판매장에서 감잣가루를 한 봉지 샀다. 송편 소는 일본에서 대체할 만한 것을 찾아보면 된다. 한국에서 돌아와 요리책을 보며 반죽을 하고 소를 만들어 송편을 빚었다. 모양도 맛도 비슷했다. 송편 세 개 얻어먹은 지인에게는 넉넉하게 갚아주었다. 그 후 몇 번인가 더 감잣가루를 사 날랐고 송편 소를 다양하게 응용할 만큼 솜씨도 늘었다.

귀국 후 떡집에 가면 언제나 감자송편을 살 수 있다. 언제든 쉽게 먹을 수 있지만 감질나게 맛있던 그 감자송편 맛에 비할 수 있으랴.

(2011.)

담 안의 사람들

낯설고도 낯익은 길이다. 길 양옆에는 아름드리나무가 줄지어 서 있어 한낮에도 그늘져 있다. 십여 년간 일주일에 세 번씩 다닌 길인데도 그 길로 들어설 때면 늘 망설이고 주춤거렸다. 나처럼 자전거를 타고 지나는 사람이 간혹 있을 뿐 길은 비어 있다. 해거름이면 나무숲에서는 기기묘묘한 새의 울음소리가 난다. 느낌일까. 새들이 모여 재잘거리듯 지저귀는 것이 아니라 가지 끝에 홀로 앉아 우는 소리로 들렸다. 울음소리와 멀어지기 위해 앞만 보고 자전거의 페달 밟는 데에 있는 힘을 다한다. 그 길로 갈까 말까 망설이지만 결국은 간다. 수없이 거기를 지나다녔어도 적막한 분위기나 새 울음소리는 언제나 낯설고 귀에 익지 않았다.

일본 도쿄 외곽에 국립 한센병(나병) 요양소 젠세이엔[全生園]이 있다. 지금은 도시 가운데를 차지하게 되었지만 1909년 설립 당시 거기는 민가와 뚝 떨어진 넓은 잡목지였다고 한다. 그곳에 터를 닦고 관동지역에 떠돌던 한센인들을 수용했다. 지금의 나지막한 벽돌담은 나중에 쌓은 것이고 처음에는 호랑가시나무를 빽빽하게 심어 외부와 경계를 두었다고 한다. 설립 동기는 한센병 환자를 격리 수용하여 병의 확산을 막고 체계적인 치료를 하려는데 있다. 세상의 편견과 차별에서 보호하며 자체적으로 살아갈 수 있도록 기반을 마련해준 사회적 배려이기도 하다. 설립 한 세기가 넘는 동안 젠세이엔 담 안의 사람 중에는 밖의 사람들과 소통하지 못하고 평생을 보낸 사람도 있을 게다. 담 밖을 전혀 무관한 세상으로 체념하고 살았을지도 모른다.

십만 평 규모의 원내에는 웬만한 생활 시설은 다 있다. 거주하는 숙소와 병원, 대중탕과 이·미용실은 물론 쇼핑센터와 공동 작업장도 곳곳에 있다. 보육원과 학교 등 2세의 교육기관도 그 안에 있다. 소각로 높다란 굴뚝과 납골당은 그곳이 그들의 생애 종착지임을 의미한다. 사람들이 추모의 단 앞을 지날 때면 자전거를 타고 지나다가도 자전거에서 내려 병마의 고통 속에 살다 간 영혼을 위해 잠시 두 손을 모은다.

젠세이엔 중간쯤을 가로질러 난 길이 있다. 맞바로 쭉 뻗은 길은 아니지만, 정문에서 후문으로 통하여 보행자와 자전거가 다닐 수 있도록 포장된 길이다. 나는 그 근방에 있는 재활치료 요양병원에서 파트타임으로 주 3일 일했다. 그 길로 가면 담장 밖 도로로 둘러 가는 것보다 훨씬 빨라서 내키지는 않지만, 그 길을 자주 이용했다. 더구나 집으로 올 때는 늘 마음이 바빠서 지름길의 유혹을 떨치지 못했다.

정문과 후문은 늘 활짝 열려있다. 한센인들이 격리되어 있다 해도 갇혀 있는 것은 아니다. 그곳은 남의 눈 아랑곳하지 않고 작업 공간에서 일을 하거나 산책을 하기도 하며 일상의 시간을 보낸다. 음성 나환자 중에는 겉으로 아무런 상처나 흔적 없는 사람이 많은데 그들은 그 담을 벗어나려 하지 않고 여전히 그곳에 산다. 수용과 보호에 길들어 스스로를 가두고 있는 것은 아닐까. 일반 시민이 원내 지름길로 다니지 않는 것 또한 한센병이라면 무조건 경원시하던 예전의 관습 때문이라고 한다. 담 안과 밖 사람들은 이미 오래진 정해신 틀을 벗어나지 못하는 것 같다.

코로나19라는 팬데믹이 세상을 흔들어 놓고 있다. 생활 패턴이 바뀌고, 함께 모여서 하는 문화와 풍습도 일단 접었다. 서로 접촉을 꺼리고 부득이한 일 아니면 두문불출하며 지내는 나날이 길어졌다. 외국에서 입국하면 이 주간 격리되는 번거로운 절차가 나라마다 생겼다.

우리 이웃 마을은 바닷가에 접해 있어 펜션과 카페와 민가가 섞여 있다. 그중에 서울 사람의 아담한 여벌 집 한 채가 끼어 있다. 가끔 집주인이나 가족이 와서 며칠 묵어갈 뿐 집은 늘 비어 있다. 옆집 사람이 얼마간 사례를 받고 관리를 해준다. 지난 이월 이 여벌 집에 손님 네 명이 들었다. 큰 여행용 캐리어를 사람 수대로 끌고 왔다고 한다. 해외 입국자 이 주간 의무 격리 때문에 공항에서 바로 그곳으로 온 일가족이다.

　도착한 다음 날부터 초등학생으로 보이는 두 아이는 담 밖으로 나왔다. 동네와 바닷가를 뛰어다녔다. 아이의 부모로 보이는 젊은 부부도 집안에만 있기가 답답했던지 거리낌 없이 집 밖과 바닷가를 거닐었다. 아이는 물론 어른도 마스크를 무시하고 있다. 방역을 위한 격리를 휴양으로 착각하고 있는 듯했다. 그러는 사이 동네에는 그들이 코로나 환자라고 소문이 퍼졌다. 이웃 사람들은 집주인에게 항의 전화를 하고 경찰과 보건소에서 다녀가는 소동이 있었다. 다행히 검사 결과가 음성으로 나와서 마을은 다시 조용해졌다. 공무원은 경거망동했던 네 식구에게 격리 생활을 철저하게 하라고 단단히 주의를 주고 돌아갔다. 그 일로 네 식구와 집주인과 이웃 사람은 겸연쩍은 관계가 되었다.

　그 후 담 안의 사람들은 마당을 거닐거나 햇볕을 쬐는 것만으로 격리의 답답함을 풀었다. 당장이라도 담 밖으로 뛰쳐나가고 싶은 걸 눌러 참고 있었을 게다. 평생을 담 안에서 사는 젠세이엔 사람들에 비하면 단 이 주간의 격리인데도 못 견뎌 하고 있다. 밖의 세상을 체념한 사람에게는 담이 무의미하다. 하지만 갇혔다고 생각하는 이에게 이 주간은 못 견디게 답답하고 둘러쳐진 담으로 인해 숨막히는 압박감을 느낄 것이다.

  격리 생활이 몸에 익을 만하니 이 주간이 다 되어 네 식구는 떠났다. 담 안에 갇혀야만 했던 그들은 바닷가 격리 생활을 훗날 어떻게 떠올릴까. 담장 너머에서 들여오는 파도소리와 갯내음이 통제되었기에 더욱 감질났다고 간직하면 좋을 텐데.

(2021.)

발을 위하여

어머니는 새벽잠이 없었다. 나이 드시기 전에도 그랬다. 늘 새벽에 일어나 많은 일을 하신다. 연년생이다시피 낳은 오 남매를 기르실 때는 동트기 전 기저귀 한 줄 빨아 널고 아침밥 지으러 부엌에 들어가셨다고 한다. 해진 옷, 뜯어진 치맛단을 꿰매는 일도 그때 하셨다. 쌀의 뉘를 골라내고, 쥐눈이콩의 쭉정이를 가리는 일도 어머니의 새벽일이다. 시나브로 어둠이 걷히는 시간, 어머니는 식구들의 새벽잠을 깨우지 않고 살금살금 일을 하셨다.

밤바람이 서늘해지고 여름내 벗고 지내던 우리의 맨발이 썰렁해 보일 무렵부터는 어머니의 새벽일이 한 가지 더 있다. 양말 깁는 일이다. 일곱 식구가 매일 갈아 신는 양말이 한 바구니지만 성한 양말은 드물다. 어머니는 겨우내 양말 바구니를 끌어 앉고 양말을 기웠다. 발가락에 난 작은 구멍은 그냥 실로 감치더라도 발바닥이 해진 것은 다른 조각을 덧대어 기웠다. 오히려 그렇게 기운 양말은 바닥이 두툼하여 빌이 덜 시러웠다. 그마저도 해지면 버려야 하지만 양말목은 오려두었다가 비슷한 색 양말을 덧대어 기울 때 쓰셨다.

어머니가 새벽마다 양말을 깁는 덕에 우리는 눈밭에서 놀다가 양말이 젖은 채 들어와도 얼른 갈아 신을 양말이 있었다. 그때는 너나없이 어려운 때여서 아이들 해진 양말을 기워서 신기는 것은 보통 있는 일이다. 엄동의 추위가 아니면 맨발로 학교 오는 아이들도 많았고 발등이 터져 꺼멓게 더께가 져 있는 아이도 있었다. 기운 양말이라도 시린 발을 감쌀 수 있는 게 다행이련만 철없는 나이라서 덧대어 기운 양말이 늘 부끄러웠다.

어느 해 겨울 남대문 시장에 큰불이 났다. 불이 진화된 며칠 후 어머니가 남대문 시장에 가서 양말을 한 보따리 사 오셨다. 화재를 당한 상인들이 진화과정에서 물에 젖거나 불에 약간 그을렸지만 쓸 만한 물건들을 길가에 펼쳐놓고 헐값에 팔았다. 어머니가 그런 양말을 사 오신 것이다. 싼값에 한겨울 양말 걱정을 잊게 된 어머니는 큰 수지라도 맞은 양 한 번 더 가셨는데 그때는 이미 쓸 만한 것들은 다 팔리고 난 뒤였다. 어머니는 한참을 뒤지고 골라서 한 보따리를 거저이다시피 사 오셨다. 커다란 양동이에 세제를 풀어 양말에 배인 그을림을 빼고 말렸다. 양말목이 눌어붙은 데는 잘라내고 솔기를 감치느라 신게 되기까지 어머니 손이 많이 갔다. 그 양말을 우리 형제들뿐 아니라 비슷한 처지의 동네 아이들에게도 신겼다. 오십여 년 전 이야기다. 우리 형제들은 남대문 시장 불구덩이에서 꺼낸 양말로 한 해 겨울나던 가난한 추억을 웃으며 이야기한다.

어머니는 유달리 발 감싸는 일에 전력을 다하셨다. 한여름에도 남 앞에서 맨발을 내놓지 않으셨다. 반가의 여식으로 몸에 밴 생활 범절 때문이라 추측된다. 아무리 더워도 가려야 할 부분이 있듯이 어머니에게는 발도 남 앞에서는 가려야 신체의 부분이었으니 양말의 의미는 보온

이자 범절이었다.

　일본에 살고 있을 때 지인들과 인도차이나 내륙의 나라 라오스를 자유 여행했다. 빈곤국가의 굴레는 벗어나지 못했지만 수려한 자연, 찬란한 불교문화를 둘러보며 감탄사가 절로 나왔다. 그늘진 곳은 어느 나라에나 있듯 라오스의 수도 비엔티안 근교에 도시 쓰레기가 모이는 곳이 있다. 그곳에서 쓰레기 더미를 의지하여 사는 빈민촌을 돌아보게 되었다. 스콜과 생활하수 처리 시설이 제대로 되지 않은 오염된 진창을 맨발로 다니는 아이들이 있었다. 맨발이 더운 나라 사람들의 일반적 생활습관이기는 해도 신이 없어서 못 신는 아이들이 더 많았다. 쓰레기 더미에서 주운 듯한 짝짝이 신발을 끌고 다니는 아이도 눈에 띈다. 맨발로 다니다가 상처가 나고 덧나서 퉁퉁 부은 발을 보았다. 제때 치료가 안 되어 다리까지 절단해야 하는 사람도 있다고 한다. 더운 나라이니 양말까지는 필요 없다 치더라도 발 보호를 위해 신발은 신어야 할 것 같았다. 신발을 신었더라면 그런 상처는 막을 수 있겠다는 생각이 들었다.

여행을 마치고 돌아와 일행 중 한 사람이 모교와 협력하여 헌 신발 모으기를 했다. 나도 그 일에 적극적으로 동참해주었다. 주변 지인들에게 헌 신발 부탁할 때 늘 하는 말이 있다. "하이힐만 빼고 다 받습니다. 특히 아이들 스파이크 운동화는 대환영입니다." 동문회와 학부모들이 수집하고 재학생들은 모아진 운동화를 빨아 낡은 끈은 새 것으로 갈아 끼었다. 모아진 신발은 비행기를 타고 라오스로 날아갔다. 그 일은 학교와 동문회가 협력하여 벌이는 행사가 되어 지속적으로 이루어졌다. 스무 해 가까이 된 이야기이니 지금은 그 나라 형편도 나아졌을 것이다. 우리 형제들이 불구덩이에서 꺼낸 그을린 양말을 신고도 몸과 마음이 건강하게 자란 것처럼, 라오스 아이들도 우리가 보내준 헌 신발을 신고 건강하게 커서 제 몫 단단히 하리라는 믿음이 있다.

가을이 다가온다. 대지가 식어가는 것을 맨발이 먼저 안다. 어머니가 내 맨발을 보신다면.

(2019.)

사토선생지묘(佐藤先生之墓)

　차 한 대 다닐 폭만큼 포장된 산길이다. 양옆은 잡목이 우거져 있다. 일 년 가까이 이 길로 산책하러 다녔어도 눈에 띄지 않았던 것이 지난겨울 숲이 앙상해지자 잡목들 사이에서 고개를 내밀었다. 바윗돌 두 개가 비스듬히 기운 채로 서 있는 것이 눈에 들어왔다. 예사롭지 않게 보였다.

　'저게 뭐지.' 뒤엉킨 채 가시를 세운 청미래 넝쿨을 걷어가며 가까이 가보았다. 인적 없는 외진 곳도 아니건만 사람이 가까이 다가간 흔적이 없다. 잡목과 가시넝쿨 속 바윗돌은 다름 아닌 돌비석이었다. 밋밋한 면에 "佐藤先生之墓(사토선생지묘)"라고 새겨져 있다.

"해방 전부터 있던 것이겠지?"

"모르긴 해도 그렇겠지."

곱게 다듬지도 못한 작고 납작한 바윗돌에 이름만 새겨져 있을 뿐, 생년(生年)도 졸일(卒日)도 없다. 돌보지 않은 비석엔 해묵은 돌이끼가 더께처럼 덮여 있고, 기운 비석 앞에는 상수리나무가 자라고 있다. 어쩌다가 본국으로 돌아가지 못하고 이역의 산자락 끝에 자취를 남겨 두게 되었을까. 돌비석 세워 주던 이승의 인연은 어디 갔을까. 이토록 무심히 내버려 둘 거라면 진즉에 고향으로 보내는 편이 나았을 텐데…. 이곳을 지날 때마다 이런저런 추측을 하며 발길을 주춤거렸다.

조선 반도 남단의 섬, 작은 포구마을에 흘러 들어온 사토 선생을 내 나름대로 상상하여 그려 보았다. 그는 일본이 전쟁의 광기(狂氣)로 인간이 피폐해 가는데 염증을 느끼고 조선으로 자원하여 온 심상소학교 선생이다. 하지만 여기서도 식민통치라는 명목으로 징발, 말살, 유린, 수탈하는 일본의 행태에 혐오를 느낀다. 잘못된 것을 알지만 지시에 따라야 하는 자신의 입장이 늘 괴롭다. 조선과 조선 사람들에게 정이 가고 동화되어 가면서도 겉으로 드러 내놓고 좋아하지 못하여 외롭다. 아이들을 가르치는 데 마음을 쏟으며 어지러운 세상을 잊을 뿐이다. 낯모르는 이방인 사토 선생은 내 마음속 그렇게 그려졌다. 남다른 연민이 느껴져 이 돌비석의 연고자가 된 착각마저 들었다.

　일본에서 십여 년을 살다가 돌아오며 아이를 그곳에 남겨 두고 왔다. 두고 왔다고 하는 것은 부모의 입장에서 하는 말이고 아이는 그곳에서 제가 선택한 길을 가고 있다. 어릴 적부터 그 나라 교육과 그 문화를 익히며 자란 아이다. 한국인의 핏줄을 타고났고, 부모 슬하에 있던 성장 배경이 한국적일 뿐, 그 아이를 움직이는 소프트웨어는 우리네 정서만은 아니다. 우린 그런 아이를 두고 '심장은 한국산 머리는 일본제'라고 말했다.

　아들의 연인은 일본인이다. 지극히 전형적인 일본 아가씨다. 이대로 간다면 우리는 일본 여자를 며느리로 맞게 될 것이다. 선대에 독립운동을 했고, 민족주의가 강한 집안에서 일녀(日女)와 결혼은 고려해 봐야 하지 않겠느냐고 친정 오라비가 이야기 끝에 슬쩍 제동을 걸었다. 교제를 한다는 것이지 당장 결혼한다는 것은 아니라고 더 이상 할 말을 막았다.

저변 문화가 다른 사람이 가족이 되면 부딪혀야 하는 어려움이 많이 있을 것이다. 과거의 뼈아픈 역사나 국가 간 첨예한 문제를 두고 정치가나 일부 인사의 이권 발언이 가족 간 골을 파이게 하지는 않을까 지레 걱정스럽기도 하다.

일제의 강점에서 벗어난 지 한 세대가 바뀔 만큼 세월이 흘렀다. 좋은 것이든 나쁜 것이든 일본과 닮은 것은 왜색이라고 밀어내던 때는 지났다. 하지만 우리 민족은 당했던 과거가 있어서 여전히 일본이 좋다, 일본인이 좋다고 말하기는 주저한다. 사회 보편적 시각이 장애물로 가로 놓여 있어도 둘의 사랑을 뜯어말릴 의사는 없다.

일본에 살며 영주권을 신청했다. 세밀히 기재해야 하는 신청서 끝부분에는 자신의 의지를 간단히 적는 부분이 있다. 개인적으로는 자신의 삶에 충실하고 사회적으로는 자국과 일본의 교류와 소통에 일조할 수 있는 가교(架橋)가 되겠다고 적었다. 그것은 서류상의 요식적인 말이 아닌

진정한 본마음이다. 영주권을 내주는데 까다로운 일본이 영주권을 내주었다.

　그 후 부모는 돌아오고 아이는 홀로 남았다. 젊은 아이이니 제 갈 길을 꿋꿋하게 간다고는 하지만 어느 사회나 다수 속에서 소수로 살기는 외롭고 힘이 든다. 그것이 교제든 결혼이든 말릴 수 없는 이유였는지도 모른다. 객지에 있는 장성한 자식을 위해 부모의 잔손이 갈 일은 없다. 다만 어미인 내가 객을 위해 베풀어야 객지에 있는 내 자식도 은인을 만나겠거니 하는 간절한 믿음을 늘 마음에 두고 산다. 그 바람은 내 자식만을 위해서가 아니다. 어미 곁을 떠나 있는 모든 젊은 자식들을 위한 마음에서다.

　산책길에 조그만 낫과 젖은 수건을 챙겨 들었다. 돌비석을 닦아준다. 두 나라의 수심 가득한 얼룩을 지운다. 가시넝쿨을 걷어치우고, 해를 가리는 나뭇가지를 베어냈다. 햇살이 돌비석을 비춘다. 백골이 진토된 사토 선생의 외로움이 살짝 걷히는 듯하다.

(2012.)

새벽달

"여섯 시에 깨워 주세요."

남편의 차탁 위에 포스트잇을 써 붙여 놓고 잔다. 나는 늦게 자고 늦게 일어나는 올빼미형이라 꼭두새벽에 일어나는 일은 늘 긴장되고 힘들다. 부부로 살다 보면 식성이나 기호, 잠버릇까지 닮는다지만 나와 남편은 예외다. 식성은 물론 수면 리듬도 각자의 노선을 고수하고 있다. 그 덕에 내가 일찍 일어나야 할 때는 남편이 확실한 알람 역할을 해준다.

그날은 알람이 나를 깨우기 전에 잠에서 깼다. 예정된 시간 서울까지 가려면 서둘러야 한다는 심리적 부담이 있었던 게다. 수필 부문 등단패를 받으러 간다. 밖은 아직 어두운 미명이다. 그믐을 향해 가는 새벽달만이 혼자 깨어있다. 창밖의 달은 기우는 그믐달이지만 이 새벽 나의 마음은 조금씩 차오르는 초승달이다. 언감생심 만월도 꿈꾼다.

나이 오십을 넘긴 나이에 수필 쓰기 지도를 받기 시작했다. 전에도 잡지나 인터넷상에 나의 생각이나 신변잡기 글을 내어놓기는 했지만, 형식을 갖추고 기본을 다듬은 글짓기 지도는 처음이다. 전에 문단에서 활동하는 학교 선배로부터 소설을 써 보라는 권유를 들은 적이 있었으나 자신 없어서 주춤거리다 말았다.

우연한 기회에 지인의 소개로 수필 작문 수업을 받게 되었다. 이제 갓 입문한 병아리를 문학회 회원으로 받아주었다. 그때부터 나의 마음고생은 시작되었다.

수필 작문 공부를 시작하여 몇 달은 다른 회원들이 쓴 글을 듣기만 했다. 시간이 흐르며 남이 쓴 글에 간단하게나마 평을 하게 되고 습작을 발표하기도 했다 그때부터 지도교수는 내가 쓴 글이나 내가 내놓는 비평에 키질을 시작했다. 나의 글뿐 아니라 나의 인간성, 나의 삶 전부를 올려놓고 키질을 했다. 내가 오십 년 넘도록 내면을 가꾸고 노력하며 꿋꿋하게 살아온 날들이 다 죽정이로 나갔다. 요란한 키질에 남는 것이 없다. 무엇을 함량 기준 삼아 알곡인지 죽정이인지 골라내는지 의문스러웠다.

수업이 있던 날, 집 가까이까지 태워다주겠다는 지인의 말을 뿌리치고 동네 어귀에서 내렸다. 십 분쯤 걸어야 한다. 어둡고 호젓한 길이 무섭긴 하지만 혼자 생각하며 마음 정리할 시간이 필요했다. '이런 거 안 했어도 여태껏 잘 살았는데 뭣 때문에 시작하여 이런 마음고생을 하는 걸까.' 마음의 갈등이 크다. 앞으로 무슨 대단한 영화(榮華)를 보게 될 거라고 이런 살을 에고 뼛속까지 시린 강을 건너야 하는지 생각이 깊다. 긴 호흡이 필요한 글짓기 공부, 겉보기만으로 알 수 없는 작가 창작의 깊이. 나는 이제 걸음마 시작하여 몇 발짝 떼려는데. 앞으로 걸어가야 할지, 주저앉아야 하는지 생각에 잠겨 집까지 걸어가는 십 분이 짧다.

부글부글 끓이던 속은 제풀에 가라앉았다. 여전히 수업 시간에 맞추어 가방을 챙긴다. 참을성 대단하다는 묘한

뉘앙스의 말을 듣기도 했다. 생업이든 취미든 새로운 일을 시작하는 것은 힘이 든다. 재미나 보람을 느끼기도 전에 지쳐서 중도에 그만두는 사람이 더 많지만 갈 수 있는 데까지 가보자고 마음먹었다.

봄에 초회 심사를 통과하고 가을에 천료하면서 수필 문단의 신인으로 들어섰다. 여전히 힘들고 태산준령이 앞을 가리고 있더라도 등성이 하나 넘은 뿌듯함이 있다.

요즘 TV 연속 드라마 한 편을 본다. 도시 근교 전원마을. 부모를 모시고 사는 장남 가족과 근처에 따로 사는 두 아우네 가정사가 펼쳐진다. 둘째 아들이 대기업 상무 자리에서 자신의 의지와 상관없이 퇴직한다. 고공비행을 하다 엉겁결에 불시착하게 된 그는 바뀌어 버린 일상을 쉽게 적응하지 못한다. 그의 아내 역시 그렇다. 아침이면 나갔다가 저녁이면 얼굴 마주치던 남편이 종일 집에 있는 것이나 매달 화수분처럼 벌어 오던 남편의 수입이 끊어진 것에 리듬감을 잃고 혼란스럽다. 남편은 돈 못 벌어 오자 아내가 홀대한다는 자격지심을 갖게 된다. 아내는 곶감꽂이에서 곶감 빼어 먹듯 쓰다 보면 금방 바닥날 것 같은 불안감에 허리띠를 바짝 조인다. 자격지심과 자린고비는 사소한 일로 자주 부딪힌다.

나는 그 드라마를 보며 자린고비인 그의 아내가 답답하다. 금고를 잠가놓고 철통같이 지키면 벌어 놓은 돈은 지키겠지만 손발 묶인 남편은 얼마나 답답할까. 남편을 옥죄는 것이 능사가 아니다. 이모작 파종을 위한 종잣값은 당연히 필요하다. 직장에서 은퇴했지만, 열정이 다 소진된 것은 아니다. 일반적인 정년의 나이는 이모작 파종기로 늦지 않다. 형편에 따라서는 돈벌이를 찾아야 하겠지만 이모작은 꼭 경제 활동이 아닐 수도 있다. 젊어서는 여건이 안되어 묻어 두었던 자신의 솜씨나 관심사, 포부에 남은 열정을 쏟을 기회라고 발상 전환하면 직장에서 물러났다고 그렇게 억울할 일만은 아니다.

서울에 가서 등단패를 받아 온 날 "등단이 뭐 큰 벼슬인가." 남편 앞에서 짐짓 멋쩍어했지만 이제 막 움 틔운 싹이 대견하다. 이제부터 시들어 가든 화려한 꽃을 보든 그건 오로지 내가 노력할 일이다. 새벽달은 점점 가늘어지면서 다시 차오를 준비를 한다. 내 나이 중년을 넘어 새벽달로 가고 있지만 둥글게 차오를 만월을 꿈꾼다.

(2015.)

3. 서 있는 배

인연
소야(宗谷)곶, 그 짙푸른 바다
솔바람 소리
아직도 있을까
약속
하지감자 유월 동부
외딴섬
은동이 실종 사건
그리움에 대하여
서 있는 배
자리걷이

인연

나는 튀기로 태어났다. 지금의 엄니 아부지와 인연을 맺은 것은 생후 두 달 무렵이다. 나의 본가는 우리의 끼니를 걱정할 만큼 궁핍하지 않았다. 그런 살림임에도 불구하고 나의 네 형제 중 하나만 남기고 뿔뿔이 입양 보냈다. 덩치 좋은 형 하나가 돈에 팔려 가는 것을 목전에서 봤지만 나와 내 생모는 속수무책일 수밖에 없었다.

내가 생모에게서 들은 얘기에 의하면 본가는 버섯 농장을 했다고 한다. 동네에서 뚝 떨어진 산기슭이어서 산짐승들이 무시로 출몰했다. 멧돼지가 옥수수밭을 망쳐 놓았고, 고라니가 푸성귀를 온전히 놔두지 않았다. 본가에서는 자연에 의존해 사는 생활이니 더불어 살아야 한다며 그런 야생의 것들에게 야박하지 않았다. 그런 가풍에 따라 나의 생모 역시 보고도 못 본 척 너그러이 눈 감아 주었다. 그건 너그러운 인자함이기보다 그것들도 자주 만나다 보니 서로 낯을 익혀서 안 짖는 거라고 사람들은 말했다. 그렇지만 멧돼지가 고구마밭을 들쑤셔 놓고 간 날은 '너 뭣 하는 놈이냐?'라는 따가운 눈총을 받았다고 한다. 본가에서는 나의 생모가 순해 터져서 안 되겠다고 비상의 처방을 내렸다. 그 처방은 셰퍼드와 진돗개를 교배하여 두 종의 장점을 지닌 품종을 얻자는 것이었다. 셰퍼드가 지닌 골격 좋은 체구와 용감성에다 진돗개의 날쌔고 영리함이 보태지면 명견이 나올 거로 추측했다. 그 산물(產物)로 나를 비롯한 네 형제가 혼혈로 태어났다.

생모는 순종 셰퍼드라고 한다. 생후 두 달에 헤어진 생모에 대한 기억은 많지 않다. 서구적 마스크에 검고 황갈색의 털 그리고 앉음새에 기품이 있었고 스피츠나 발발이처럼 채신머리없이 짖어대는 걸 한 번도 본 적이 없다. 한 어미에게서 한날 태어났어도 걸치고 나온 털의 때깔이 다르고 타고 난 힘도 달랐다. 어미 젖을 떼자 그중 제일

튼실한 개 하나만 본가에 남고 뿔뿔이 입양되었다. 나는 덩치도 크지 않았고 말귀를 잘 알아듣는 영리함이 보이지 않았던지 형제들이 하나하나 떠나가는 모습을 쓸쓸히 지켜봐야 했다. 본가에서 키우기로 발탁된 그 개마저 농장 후문 쪽으로 보내지자 나 혼자만이 어미를 독차지하게 되었다. 그러나 그 오붓한 사랑은 오래가지 못했다.

 가끔 드나들던 파란색 트럭이 오더니 사료 두 포대를 내려놓았다. 조수석엔 작은 상자가 놓여 있었다. 나의 생모는 무슨 눈치를 챘는지 내 얼굴을 핥았다. 본가에서는 생모를 집 뒤편으로 데리고 갔다. 마지막으로 새끼가 떠나는 모습을 안 보이기 위한 배려였다는 걸 조수석 작은 상자에 앉혀지고 나서야 알았다. 네 형제 중 제일 찌시레기였던 나는 그렇게 어미의 배웅도 받지 못하고 서럽게 떠나왔다. 나의 몸값은 겨우 사료 두 포대였다.

 셰퍼드 어미와 진돗개 아비 사이에서 잡종으로 태어난 것이 내 의지로 된 게 아닌 것처럼 내가 앞으로 살아갈 처지 또한 나의 선택이 아니니 운명에 맡기기로 했다. '여기가 네가 살 집이고 이제부터 너를 잘 키워주실 엄니 아부지다. 잘 자라거라.' 파란색 트럭은 떠났다. 나는 파고들 어미 품이 없어 내 몸을 한껏 옹크리고 떨기만 했다.

　나의 새 엄니와 아부지는 그런대로 인자했다. 이름도 지어졌다. 삼거리에서 태어나 지세포에서 자란다 해서 삼지라고 지었는데 센 발음을 잘하는 엄니는 쌈지라고 부른다. 삼지라고 부르든 쌈지라고 하든 나는 다 알아듣는다. 여태까지 보신탕을 먹어 본 적도 없다니 나를 복날 개장수에게 넘길 리 없고 키워서 끓여 먹을 리는 더욱 없다. 바쁜 하루 일과 중에도 나를 데리고 아침에는 뒷산을 오르고, 저녁에는 마을 한 바퀴 산보를 한다. 심심할 틈을 주지 않고 말을 가르치고 훈련을 시킨다. 개는 야생적 본능이 있기 때문에 사람과 같이 살기 위해서는 어려서부터 길을 잘 들여야 한다고 둘이서 말씀하시는 걸 들었다. 개를 개처럼 살도록 하는게 아니고 사람답게 살길 바라는 게 아닌가 의구심도 들었다.

　아부지가 나의 먹거리에 신경을 많이 쓰니 식복도 그만하면 있는 편이다. 우리 집에 오는 사람은 모두 나를 좋아한다. 드나드는 사람 중에 내가 경계해야 할 사람은 아무도 없다. 간혹 산책길에 만나는 이들 중에는 나를 겁내고 피해 가는 사람이 있다. 나에게 우호적인 사람을 내가 괜히 해코지할 리 없는데 사람들은 왜 과잉 방어를 하는 걸까. 아마도 개 중에는 생각 없이 짖어대고 무는 몰지각한 것들이 있어 함부로 가까이할 수 없는 존재로 각인되었나 보다. 옆을 지나가는 것만으로도 겁을 내는 사람이 있는가 하면 우리 엄마와 아부지는 나를 끌어안고, 코를 비비고, 양 볼을 잡아당기기도 한다. 심지어 내 입에 손을 집어넣기도 한다. 나를 지극히 신뢰한다는 표시라서 나도 그 기분을 맞추어 살짝 물었다가 놓는다. 말이 없어도 통하는 깊은 믿음이다. 말로는 신뢰감을 무척 중요하게 생각하는 척 하면서도 막상 제 실속을 챙길 때는 슬쩍 모른 체도 하고 물어뜯기도 하는 사람들을 보면 개만도 못하다는 생각이 든다.

내가 집을 지키고 있으니 마음 든든하다고 한다. 같이 산에 가면 큰 의지가 된다고도 한다. 나를 기르는 정성이 인간을 키우는 정성 못지않다는 걸 안다. 낳은 부모가 천

류이라면 우리 엄니 아부지와 나의 만남은 세상이 맺어준 인연이다. 신뢰를 저버리지 않고 믿음직하게 곁을 지켜 인연에 보답하리라 마음먹는다. 내가 비록 개일지라도.

(2014.)

소야(宗谷)곶, 그 짙푸른 바다

이른 아침인데도 도쿄의 공기는 후끈하다. 하네다공항으로 가는 모노레일은 도쿄의 빌딩 사이를 지나며 일터로 가는 사람들을 내려놓는다. 차 안이 헐거워지고 나서야 하네다공항에 도착했다. 장마 끝에 찾아온 더위를 피해 도심을 떠나는 인파로 공항 안은 혼잡하다.

와카나이 여행을 같이할 일행은 네 명이다. 지난해 가을 계획했고, 올 2월 다시 만나 일정을 의논했었다. 일본인 세 명과 한국인 한 명, 국적과 관계없이 우린 오래된 친구다.

여행 일정과 예약은 자국민 세 명이 의논하여 정했다. 렌터카 운전은 세 명이 교대로 하루씩 맡았고, 나도 그 무게만큼의 임무를 맡았다. 신세를 지는 것도 과중한 부담을 떠안는 것도 불편해하는 국민성대로 네 명의 의무와 권리는 쏠림 없이 나누어졌다.

북위 45도에 걸려 있는 일본 최북단 와카나이는 오호츠크해에서 불어오는 차가운 바람 때문에 쾌적하게 여행할 수 있는 시기가 연중 서너 달밖에 되지 않는다. 우리가 도착한 날 소야곶의 기온은 영상 11도였지만 휘몰아치는 바람으로 준비해 간 옷을 다 껴입고도 이가 딱딱 부딪치게 추웠다.

튀김우동으로 점심 요기를 하고 찾아간 곳이 소야(宗谷)곶이다. 일행 세 명은 지리 교과서에서 배운 대로 자국 영토 최북단으로만 지명을 기억하고 있다. 하지만 내가 기억하는 소야곶은 그런 지리적 지명만이 아니다. 1983년 소련 요격기의 포격을 맞고 격침된 KAL기 사고를 떠올리게 하는 곳이다. 그때 와카나이에 사고 대책본부가 차려졌고, 유족을 태운 훼리가 소야해협으로 갔었다.

소야곶 바닷가에는 일본 최북단의 땅을 표시한 탑이 있다. 바다 건너로 사할린섬이 보인다. 땅끝에 발 디딘

기념사진을 찍기 위해 줄 서서 기다리고 있지만 나는 꼭 가보아야 할 곳을 정해놓아 마음이 바쁘다. 언덕 위 소야공원에 하늘로 날아오르려고 날개를 편 종이학 형상의 탑이 있다. 세계평화기원의 탑이며 KAL기 희생자 추모비다. 학이 바라보는 방향은 조국 땅 한국이라고 씌어 있다. 산산조각 난 비행기 잔해와 함께 찬 바다에 곤두박질쳐진 억울한 죽음을 위로했다. 그리고 평화를 기원하는 간절한 마음이 하늘에 닿기를 바라며 두 손 모아 종의 줄을 힘껏 당겼다. 희생된 이들의 가족조차 쉽게 올 수 없는 멀고 고적한 곳. 여행 중에 잠깐 서성이다 가지만 이곳에 와야 하는 이유다.

빼곡히 새겨진 269명 희생자 명단에는 내가 알고 있는 이름이 있다. 그는 미국에 이민 간 지 9년 만에 첫 고국 방문길이었다. 아버지 장례에 못 온 그는 한 달이 지나 겨우 시간을 내어 오던 길에 사고를 당했다. 이념이니 냉전 시대니 말조차 모르는 그의 노모는 아버지가 아들을 데리고 갔다고 원망 섞인 넋두리를 했다. 약소한 나라 우리 국민은 울분과 비통한 마음으로 애도했다. 희생자 유족들을 태운 배가 사고 유역을 선회하며 짙푸른 바다에 흰 꽃다발을 던지고, '잘 가라.' 울부짖는 모습은 온 국민을 울렸다.

그리고 34년이 지나 그 해협을 바라본다. 우리와 이념의 각을 세웠던 소련은 수교국이 되었다. 소련이 붕괴된 후 대를 이은 러시아와 무역을 하고 자유로이 여행한다. 우리 민항기가 러시아 상공을 난다. 세상은 이념보다 이권에 무게를 두고 변화했다. 그때 울분의 통곡을 듣던 소야해협 짙푸른 바다만이 그곳에 그대로 있다.

다음날 새벽 카페리를 타고 야생화의 섬 레분도로 향했다. 거친 바람을 헤치고 가야 하는 배는 크다. 무릎 꿇고 앉는 것이 몸에 밴 일본인들도 2등실 다다미 깔린 넓은 객실에 자리 잡고 눕는다. 나도 여권이 들어 있어 늘 어깨에 가로질러 메고 다니는 손가방을 머리에 베고 누웠다. 배는 북녘 바다를 헤치고 간다.

레분도 여행은 버스 투어다. 배 한 척에서 내린 여행객은 버스 네 대에 나누어 탄다. 섬 안의 관광 코스를 달리하거나 시차를 두어서 혼잡을 피하고 천천히 토산품을 구매하도록 유도하고 있다. 우리나라 관광지도 그런 제도적 시스템이 마련되면 좋겠다. 섬에는 바람 때문에 큰 나무는 보기 드물다. 제철 만난 야생화와 키 작은 해당화가 지천으로 피어있다. 카메라에 주워 담는다. 산에 나무가 없으니 목재나 화목도 당연히 귀하고 비싸다. 하지만 살아가는 방법은 있다. 해류를 타고 흘러와 해변에 얹어진 유목(流木)을 주워다가 켜서 목재로 쓰거나 방한용 화목으로 쓴다. 러시아에서 흘러온다고 한다. 그것도 자연이 베푸는 혜택이다.

레분도 일주 여행을 마치고 리시리도로 향하는 배에 올랐다. 많은 사람들이 부두에 나와 '레분도에 또 오세요' 플래카드를 들고 손을 흔들며 환송하고 있다. 율동 퍼포먼스도 벌인다. 하늘길로, 땅길로, 바닷길로 찾아온 먼 북녘의 섬. 또다시 올 기약 없는 나는 섬이 시야에서 멀어질 때까지 손을 흔드는 것으로 답례했다.

레분도와 이웃한 리시리도의 지형은 사뭇 다르다. 후지산과 닮은 리시리산이 분화하며 용암이 바다까지 흘러내려 굳었다. 그 바다는 다시마밭이다. 갈빛 치마폭 같은 다시마가 물속에서 너울거린다. 물속 자갈이 훤히 들여다보이는 맑고 깨끗한 바다가 길게 이어진 해변. 그러나 한여름이라도 비키니를 입고 찬 바다에 뛰어들 사람은 없다. 오호츠크해로부터 내려오는 차가운 해류가 다시마를 키우고 어패류를 살찌운다. 사람은 자연의 힘에 기대어 살고, 자연은 사람에게 수급의 균형을 맡겼다.

리시리도에서 와카나이로 돌아오는 배 갑판에 서서 검은 바다로 떨어지는 칠월의 일몰을 본다. 소야곶에서 복받친 울분은 야생화의 섬을 돌아보며 차츰 가라앉았고, 남은 상념은 일몰과 함께 바다에 묻었다. 와카나이에서 마지막 저녁이다. 어시장에 딸린 게 요리 식당 예약 시간에 맞춰 가는 우리 발걸음은 바쁘다. 고즈넉한 항구 와카나이에 가로등이 켜진다.

(2018.)

솔바람 소리

 교실 안은 서먹한 분위기다. 제 옆의 짝보다 같은 중학교 출신의 친구들이 더 가깝다. 쉬는 시간이나 점심시간이면 중학교 동창을 찾아 다른 반으로 원정을 가서 회포를 푸는 아이들도 있다. 복도에서 서로 맞잡은 두 손, 눈물 없는 상봉 모습도 흔히 보는 풍경이다. 둘째 줄 내 자리 주변 아이들의 출신 중학교는 전부 다르다. 내 짝은 영화여중, 앞자리 둘 중 한 명은 인성여중, 한 명은 군산에서 유학 왔다. 뒤의 두 명은 각각 인화여중과 소사(부천의 옛이름)중학교 출신이다. 반 전체 구성원이 다 그렇다. 낯이 설 듯 타이 매는 것도, 검은 스웨터에 흰 데토론 깃을 다는 것도 익숙하지 않다.

그해 서울과 부산은 고등학교 입시가 없어지고 추첨제로 바뀌었다. 서울 명문 고등학교로 진학하려던 지방 수재들이 인천으로 대거 몰려왔다. 안양, 수원, 의정부 등 경기 일원은 물론 홍성과 군산, 상주에서도 왔다. 다 기억조차 할 수 없다. 그 아이들은 모두 중학교에서 전교 1, 2등 하던 '공부의 신'이었다. 어차피 대학 진학은 서울을 염두에 두고 있어서 서울 가까운 인천 명문고에 온 것으로 짐작한다. 혼자 자취를 하는 경우는 드물었다. 학교 가까이에서 하숙을 하거나 친척 집에 있거나 형제가 같이 있기도 하고, 할머니가 손주들 밥데기로 올라 온 경우도 많았다.

경희는 군산에서 올라와 언니와 학교 근처에서 자취했다. 경희네 집은 군산 근처 옥구군의 대농가라고 했다. 말수가 적고 무뚝뚝한 성격인데다가 우리에겐 낯선 전북 지방 사투리를 써서 반 아이들과 쉽게 어울리지 못했다. 곡창지대 대농가에서 객지에 나가 공부하는 딸들에게 쌀을 감질나게 보낼 리 없는데 사흘이 멀다고 도시락을 못 싸가지고 왔다. 아침밥도 굶었다고 했다. 도시락을 싸 오지 못한 이유는 늦잠을 잤거나 연탄불이 꺼졌거나 둘 중 하나다. 아침에 일어나 보니 연탄불이 꺼져서 밥을 지을 수 없었단다. 경희는 그런 날이면 매점에서 '커플' 빵 두 개를 사다가 먹으며 하루 허기를 때웠다. '커플'은 식빵 두 장 사이에 딸기잼이 찔끔 발라진 샌드위치 빵이다.

이 나이 먹어 돌이켜보니 그때 도시락 나눠 먹을 생각을 왜 안 했는지 후회된다. 지금 같으면 절반을 덜어주거나 도시락과 빵을 바꿔 먹기도 할 텐데, 그때는 왜 모른 체했을까. 인정머리가 없었던가. 모두 도시락 하나로 온종일 버텨야 하니 앞자리 아이의 배고픔까지 헤아릴 여유가 없었나 보다. 지렁이 뼈도 씹어 먹을 열여섯 살 나이 아닌가. 경희는 지금 어디에서 어떻게 사는지, 다시 인연이 닿으면 그때 나누지 못한 밥 인심을 마음껏 나누고 싶다.

진숙이는 의정부에서 통학했다. 새벽 다섯 시 의정부 가능동 집을 나와 버스를 타고 의정부 터미널에서 종로5가까지 오는 버스로 갈아탄다. 종로 5가에서 서울역까지 버스로, 서울역에서 동인천까지 경인선 기차를 탄다. 매일 왕복 여섯 시간 차를 타는 원거리 통학길이다. 고1 여름방학(1974년 8월 15일) 때 지하철 1호선과 전철이 개통되었다. 2학기부터는 갈아타는 횟수와 시간이 조금 줄었지만, 학교 오가는 길은 여전히 멀었다. 종점에서 타고 종점에서 내리는 버스와 전철이 진숙이에게는 달리는 공부방이었다. 그때 통학길 흔들리는 차 안에서 공부한 것이 밑천 되어 교육 현장의 수장으로 현역이다.

수업 열기는 중학교 때와는 비교할 수 없이 뜨거웠다. 수학 시간이면 나는 알아듣기조차 어려운 문제를 들고 와 선생님을 당황시키는 아이가 있는가 하면, 어떤 아이들은 수업 마치고 나가는 선생님을 뒤쫓아 가서 미처 못 푼 문제를 묻곤 했다. 두세 명이 몰려가 제 문제를 들이미는 바람에 선생님이 복도에서 쉬는 시간을 다 보낼 때도 있었다. 중3 때 바짝 공부해서 겨우 들어온 나와는 공부하는 범위가 달랐다. 중학교 때는 중상(中上)이던 등수가 고등학교에서는 중하(中下)에서 맴돌았다. 웬수 같은 시험은 왜 그렇게 자주 돌아오는지….

다른 학교는 중간고사, 기말고사 보면 되는데 우리 학

교는 매달 시험을 친다. 게다가 느슨해진 마음 졸라매게 하려고 소풍이나 수학여행 다녀오면 곧바로 시험, 합창대회 끝나면 바로 시험이다. 십 대 아직 피지도 못한 청춘이 시험에 짓눌리는 것 같았다. 시험 치고 나면 얼마간은 마음 느긋하다. 노래 잘하는 친구가 앞에 나가 노래를 가르치면 우리는 따라 불렀다. 명가수는 반마다 장르별로 있었다. 지금도 흥얼흥얼 따라 하는 올드팝은 그때 다 익힌 것이다. 막간을 이용해서 하는 선생님이나 남학교 인기 투표는 우리가 잠깐씩 웃고 즐기는 오락 중 하나다. 그런 시간은 감질나게 짧았다.

  종례 시간에 담임선생님이 시험 일자를 발표하면 우리는 매달 있는 당연한 일임에도 불구하고 빵빵한 풍선 바람 빠지는 소리로 비명을 지르곤 했다. 시험 날짜가 발표되면 공부를 하든 놀든 엎드려 자든 뇌 해매는 시험에서 놓여나지 못한다. 수업이 끝나도 도서관으로 향하거나 교실에 남아 자습을 한다. 창밖은 어둠이 짙어지고, 수학 문제는 짜증 나게 안 풀리고, 뱃구레에서는 시냇물 흐르는 소리가 나는데 통일동산 솔바람 소리는 왜 그리 을씨

년스럽게 들리는지. 나는 지금도 솔바람 소리가 한가한 신선놀음처럼 들리지 않는다. 어두운 창밖과 시험공부의 지겨움과 그 시간쯤의 허기와 졸음이 겹쳐서 각인된 탓이다.

졸업 30년 홈커밍데이를 마친 다음 날 모교 방문 일정이 있었다. 나는 중·고등학교 6년을 그 교정에서 보냈다. 나 혼자였다면 기억 속에 있는 곳곳을 꼼꼼히 둘러보았을 텐데 우르르 몰려다니느라 그리움을 다 더듬어 보지 못했다.

그 후 또 십여 년이 흘렀다. 버스를 타고 동인천에서 내려 눈 감고도 갈 수 있던 길인데 지금은 단박에 인일 교정을 찾아갈 수 있을지 모르겠다. 내가 입학 기념으로 심은 해당화는 아직 있을까. 등굣길, 숨이 깔딱 넘어가게 올라야 하는 무수한 계단. 그 아래 모퉁이에서 가끔은 우리의 플레어 치마 속을 힐끔거렸을 후박나무는 어찌 되었을까. 동산 솔바람 소리는 여전한지. 그리움이 꼬리를 문다. 한번 가보고 싶은데 난 지금 너무 멀리 와 있다. 오늘밤 꿈결에 더듬더듬 가 볼까.

(2020.)

아직도 있을까

첫 번째 이야기

그때는 그랬다. 눈 감고 어림짐작으로 가도 될 만큼 낯익은 길이다. 직장이 있는 명동에서 을지로 건너 광교를 지나면 복개된 청계천 길을 만난다. 건너편이 종로다. 광교에는 맞춤 양복점이 나란히 있고 이제는 옛 이름이 된 한일은행 종로지점과 조흥은행(현 신한은행) 본점이 있었다. 종로로 들어서는 길모퉁이에 보신각이 있다. 당시 그 주변에는 삼일로빌딩, 조흥은행 본점만 우뚝 높았고 대부분이 사,오층 건물이다. 건너편 화신, 신신백화점도 마찬가지였다. 2층 건물의 보신각 종루는 주위 건물과 키 차이가 크게 나지 않았다. 보신각 옆 모퉁이에 모란꽃이 피는 밭이 있었다. 모란꽃이라고 내 나름대로 이름 지었을 뿐 모란인지 작약인지는 알 수 없다. 훈훈한 바람이 부는 늦은 봄에 소담스럽게 꽃을 피웠다. 어둠이 어슴푸레 내리는 시간이면 모란꽃밭 휀슬에 기대고 서는 사람이 하나둘 늘어난다. 나도 그곳에서 차 한 잔 값 여의치 않은 가난한 애인을 기다린 적이 있다. 사십 년 전 그때는 그랬다.

어느 때부터인가 그 모란 꽃밭이 궁금하다. 지금 보신각은 고개를 뒤로 한껏 젖히고 올려다봐야 하는 빌딩들에 에워싸여 있다. 번화한 도심 빌딩 숲에 모란꽃밭을 상상하면 생경스럽다. 아직도 있을까? 있다면 지금쯤 꽃이 폈을 텐데. 한걸음에 달려가 내 기억 속 꽃밭을 확인하고 싶은데 나는 지금 너무 멀리 와 있다.

두 번째 이야기

베트남전이 끝나던 그해 여름. 아버지와 함께 미국으로 유학 이민을 가는 사촌오빠 배웅을 갔다. 이민이든 유학

이든 외국으로 떠나면 공항 배웅객이 많았던 시절이다. 오빠와 유별한 추억이 있는 아버지와 나도 배웅을 갔다. 오빠는 경기고를 나오고 서울의대를 지원했다가 낙방하자 재수를 택했다. 학원 종합반을 다니기도 하고 새로운 정보에 밝아야 하는 지금의 재수생과는 달리 그때는 혼자 공부했다. 숙부인 아버지가 서울 근교에 있는 절을 소개했다. 산사 뒤편 긴 요사채에는 고시 공부나 입시 공부를 하는 사람들이 많았다. 방마다 가지런히 벗어놓은 신발이 목표를 향해 정진하고 있다는 표시일 뿐 부산스러운 인기척은 없다.

  오빠가 그곳에서 일 년간 대입 공부를 했다. 아버지는 종종 닭백숙이나 곰국이 든 주전자를 들고 그 절에 가셨다. 내가 아버지와 동행한 적이 몇 번 있다. 그때마다 산문(山門) 앞에서 주전자를 내게 들려주시며 기다리라고 하셨다. 산문 주위에는 아름드리나무가 우거져서 어둑시근했다. 나무 뒤에 뭔가 숨었다가 와락 달려들 것 같아 마음을 졸였다. 기다리는 시간은 길고 무서웠다. 요사채 쪽마루에 앉아 먹으면 될 것을 왜 오빠를 절 밖으로 데리고 나와 먹게 하는지 그때는 알지 못했다. 산문 앞에서 기다릴 때는 따라온 것을 번번이 후회했다. 그래도 절로 가는 호젓한 산길이 아버지 혼자 걷기에 무섭고 심심하실 것 같다는 생각에 따라나서곤 했다. 때로는 동생도 같이 갔다. 아버지는 닭백숙을 먹는 오빠 옆에서 이야기를 하고 나와 동생은 산개울에서 가재를 잡던 기억이 있다.

오빠는 서울의대에 합격했다. 군의관 시절 결혼을 했고, 몇 푼 안 되는 군의관 월급과 고등학교 교사였던 올케언니의 월급을 모아 미국행 비행기 표를 샀다. 이민 짐이라 해도 단출했다. 아버지는 공항에서 가장자리에 자게가 희끗희끗 박힌 까만 국기함을 오빠에게 건넸다. 물론 그 안에는 태극기가 들어 있을 게다.

그리고 사십여 년이 흘렀다. 오빠는 자신의 꿈을 이루었고 그 후 몇 번인가 한국에 다녀갔다. 오빠는 까만 자게함에 넣어 준 태극기를 아직 가지고 있을까. 그리고 산문 밖 골짜기에서 먹은 닭백숙 맛을 기억하고 있을까. 다 잊고, 버렸다 해도 한국인이라는 자신의 뿌리를 잊었을리 없다.

세 번째 이야기

　잡목 사이로 좁다란 숲길이 나 있다. 간혹 걸어가는 사람이 보이기도 하지만 대부분은 자전거를 타고 그 길로 들어가 시야에서 멀어진다. 그곳은 오래전 나무밭이었다. 일본의 도쿄와 사이타마, 카나가와, 치바현은 민가 가까이에 산이 거의 없는 평야 지대다. 연료를 화목에 의존하던 때, 도심을 벗어난 지역에서는 땔감 조달을 위해 자신의 밭에 잡목을 키웠다. 잔가지와 낙엽을 긁어 목욕물을 데우고 취사에 썼다. 텃밭에 채소를 가꾸어 먹는 것처럼 집집마다 나무밭에서 땔감을 조달했다. 겨울이면 아이들의 좋은 놀이터였다고 한다. 이제 키바다케(木畑)의 역할은 물론 말조차 잊혀 가지만 근교에 나가면 잡목 우거진 나무밭이 더러 눈에 띈다. 길은 나무밭을 가로질러 나 있다. 나무를 땔감으로 쓰지 않아 숲은 울창하다. 가끔 그 근처에 있는 테니스코트에 갔다. 숲길로 가면 어디가 나올까 늘 궁금했다. 숲길을 지나면 나지막한 언덕이 나오고, 그 언덕에 서면 멀리 전차 선로가 보일지 모른다는 막연한 상상을 했다. 나는 테니스를 마치면 늘 그 숲길 반대편 아스팔트 길을 따라 서둘러 집에 돌아오기 바빴다 그 숲길로 한번 들어가 보리라고 벼르기만 하다가 떠나왔다. 일본을 떠나 온 후 종종 일본에 가지만 그 길엔 갈 일이 없다. 같이 테니스를 치고 나서 자전거를 타고 숲길로 간 그들은 잘 있을까. 그 나무밭 사잇길은 아직도 있을까.

살아온 날의 필름을 되감아 볼 때가 있다. 기억 속의 그림을 확인해 보고 싶은 욕망이 일 때도 있다. 세상이 바뀌는데 내가 기억하는 것들은 그대로 있길 바란다면 그것도 이기심이다. 마음속 풍경화에 덧칠하느니보다 보신각 옆 모란꽃밭이나, 네 귀퉁이 자개가 박힌 검정색 태극기함을, 잡목림 사잇길로 자전거를 타고 가던 이들의 뒷모습도 마음속 그리움으로 남겨 둔다.

(2013.)

약속

조카딸이 죽었다. 어차피 젊은 죽음, 한 살 더 보태어 본들 무슨 소용일까 싶었는지 음력설을 며칠 앞두고 갔다. 화장(火葬)하고 아직 온기가 남아 있는 유골함을 가슴에 안은 일행은 수목장 묘원으로 향했다. 키 큰 소나무가 드문드문 서 있고 아래는 마른 솔잎이 깔린 야산을 생각했는데 도착한 곳은 나의 추측과 사뭇 달랐다. 수목장 묘원은 산 중턱을 깎아 완만한 계단식으로 조성되어 있다. 주변의 베어낸 나무 그루터기가 말가웃 떡을 쳐도 될 만큼 안반만한 것으로 보아 수령이 제법 된 나무들이 자리 잡고 있었나 보다. 땅을 고르고 어린아이 키만 한 상록수를 간격 맞춰 심어놓은 것으로 수목장 면모를 갖췄다. 나무 옆을 파서 목제 유골함을 묻고 다지면 산역은 끝난다. 키 작은 나무 밑동이라도 차지하기보다는 다 내어 주고 가고 싶었던 그녀였는데 그것마저 마음대로 되지 않았나 보다. 뒷산 굽은 소나무 발치에 흩뿌려져 흙이 되고 솔바람이 되길 바랐던 조카딸은 이 영면의 터가 마음에 들까? 산역을 하는 동안 한쪽에 물러서서 혼자 상념에 잠긴다.

조카딸이 아프기 전 우리는 장기기증과 사후 시신 기증에 대해 진지하게 이야기한 적이 있다. 나는 그때 이미 의과대학에 사후 시신 기증을 한 후였고, 조카딸은 장기기증을 하겠다는 의지를 가지고 있었다. 몇 해가 지난 어느 날 우연히 조카딸의 운전면허증을 보게 되었는데 그 뒷면에 장기기증서가 붙어 있었다. 하지만 운명은 그녀의 의지와 함께하지 않았다. 암 진단을 받았다. 꾸준히 치료를 받았지만 해가 거듭되며 암세포가 여러 장기에 전이되었다. 장기 기증하는 일은 의미가 없어졌다. 열심히 살다가 예기치 못한 죽음을 맞게 되면 자신의 몸에서 쓸 수 있는 모든 장기를 내어 주려던 약속은 허사가 되었다. 남은 날이 길지 않을 것을 짐작했는지 조카딸은 주변을 정리했다. 쓸모없어진 장기기증 증서를 그때 처분했을 것으로 짐작할 뿐 확인하는 일조차 무의미해졌다. 조카딸의 죽음으로 오래전 내가 한 약속을 되돌아보았다. 나는 약속을 지킬 수 있을까?

그 책을 읽은 지 오래되어 타이틀은 기억나지 않는다. 의과대학 수업 과정에는 필히 사람의 몸을 해부해서 실제로 봐야 하는데 요즘은 수업 시간 해부할 시신이 턱없이 부족하다고 한다. 이대로라면 컴퓨터 시뮬레이션으로 인체 해부 수업할 수밖에 없는 날이 올 거라고 한다. 그 책에서 해부용 시신 부족 원인을 몇 가지 들고 있다. 시신이 훼손되는 것을 터부시하는 유구한 우리 민족 정서가 첫째 이유다. 또 다른 이유는 예전에는 행려병자나 무연고자로 사망하면 해부학 교실에 조달되기도 했다. 하지만 요즘은 다양한 과학적 방법으로 유전자를 확인하여 연고자를 찾아 인계하고 있으니 의과대학 연구용 시신은 기증자에 의존할 수밖에 없다고 한다.

서울 고려대학교 안암병원 안에는 감은탑이 있다. 의학 발전을 위해 사후 자신의 몸을 의과대학 해부학 교실에

헌체한 데 대한 감사의 탑이다. 일 년에 한 번씩 감은제를 지내며 의학 발전을 위해 학습용으로 몸을 내어 준 몸 스승의 숭고한 뜻을 기린다고 한다. 다른 의과대학에도 그런 추모 행사가 있을 것 같다.

나는 사후 시신 기증에 대해 오랫동안 생각해오다가 지인인 의대 교수와 상의했다. 그 역시 해부용 시신 부족이 의과대학의 심각한 현실이라고 했다. 그 심각성을 누구보다도 잘 아는 자신마저 마음먹지 못하고 있다고 한다. 사후 시신 기증하겠다는 나의 생각에 남편이 동의했다. 자신의 몸은 부모님이 돌아가신 후에 하겠다고 한다.

그다음 해 모 의과대학에 보낸 사후 시신 기증 신청서, 첨부된 나의 유언서 난에는,

"시신을 훼손하지 않고 정중하게 다루는 것이 죽은 이에 대한 예우이고, 염습하여 매장을 주로 하는 우리네 장의 풍습과 정서를 바탕으로 보면 쉬운 결정이 아닙니다. 누군가 해야 할 일이라면 나부터 하겠다는 평소의 신념과 아무것도 소유할 수 없는 죽음의 뒤, 자연으로 돌아가야 할 몸이 인류와 과학에 쓰일 수 있는 마지막 기회라는 생

각으로 기증합니다. 건강하게 열심히 살고 언제가 될지 모르나 이 세상 뜨는 날 기증의 약속은 저 자신과 가족 모두의 뜻으로 반드시 이행하려 합니다. 1992년 7월 20일 유언자 박찬정."

이렇게 여백을 메웠다. 27년 전 일이다. 지금도 그 생각 변함없다.

산에서 내려와 검은 상복을 벗고 일상의 옷으로 갈아입었다. 모든 절차는 끝났다. 죽은 이는 어서어서 자연으로 되돌아가야 하고, 산 사람은 서둘러 마음을 추스르고 일상으로 돌아가는 것이 마땅하리라. 수목장 묘원까지 같이 왔던 조카딸의 지인들은 다시 한번 상주의 등을 토닥이며 위로하고 뿔뿔이 떠난다. 산 중턱 어린나무 아래 조카딸만 두고 모두 떠나간다. 헛헛한 마음에 주춤거리니 염려 말고 어서 가라고 산바람이 등을 떠민다.

(2019.)

하지감자 유월 동부

삼월 초, 남녘이라 해도 아직 함부로 즐길만한 봄바람은 아니다. 이른 봄꽃이 드문드문 눈을 떴고, 기온이 내려가는 밤에도 땅이 얼지 않을 뿐이다. 여느 해와 마찬가지로 김장거리 배추 뽑아낸 밭을 갈아 퇴비를 뿌렸다. 두둑을 치고 검은 비닐 멀칭을 한 후 두 뼘 정도 간격을 띄어 재에 뒹굴린 감자를 심는다. 겨우내 잠자던 땅은 봄볕 쬐고 빗물 스며들어 하루가 다르게 땅 기운이 성해진다.

싹 틔울 눈을 가늠하여 자른 반쪽 감자는 땅속에서 제 몸의 진기를 소진하며 싹을 밀어 올리고 뿌리를 내린다. 감자를 캘 때 포기를 뽑아 올리면 바스러질 것 같은 반쪽 씨감자 껍질이 뿌리에 매달려 있다. 모든 것을 내어 주고 빈껍데기만 남은 내 어머니처럼 씨감자의 희생 역시 거룩하다.

농작물도 유행을 탄다. 단골로 가는 종묘상의 권유로 초석잠과 강황, 야콘도 심어봤지만 즐기는 맛이 아니라서 두 번 다시 심지 않는다. 다양한 요리에 활용되는 것은 역시 감자다. 사람은 좋아하는 것에 끌리고, 즐기며 하는 일은 힘 드는 줄 모른다.

유월로 접어들어 연보라색 감자꽃이 폈다가 지고, 실한 잎과 줄기가 밭두둑을 덮는다. 얼마 후 감자 포기가 제 역할을 마치고 시들어 두둑에 누워버리면 감자를 캔다. 그때가 장마가 올 무렵, 하지 전후라서 하지감자라고 한다.

본격적 감자 캐기 전 햇감잣국을 끓이려고 포기 밑동에 손을 넣어 흙을 헤쳐 보면 제법 굵직한 감자가 잡힌다. 손끝으로 더듬어 서너 알 캐고 다시 흙을 덮고 토닥여 놓는다. 흙 속 감자를 쥐어 본 느낌은 어릴 적 어미 닭 날갯죽지 밑에 손을 넣어 품고 있는 병아리를 만져 본

긴장되면서도 뿌듯한 감촉과 같다.

  감자를 심고 난 후 열흘쯤 지나 강낭콩을 심는다. 경상도 지방에서는 강낭콩을 동부콩이라고 한다. 심기 전에 밑거름을 뿌리지 않아도 지난해 김장배추 심어 거두고 난 땅 힘으로 봄비 맞아가며 잘 자란다. 꽃이 진 자리에 콩 꼬투리가 생기고 뙤약볕 열기에 꼬투리는 통통하게 살 오른다. 나는 유월이면 올된 동부콩밥에 햇감자국 곁들여 먹기를 좋아한다. 화끈한 자극의 맛도 감질나게 달콤한 맛도 아닌 순한 맛이라서 좋다. 나의 밋밋한 인생살이를 닮은 맛이기도 하다. 그런 잔잔한 일들이 텃밭 가꾸며 시골에 사는 재미다. 동부콩 역시 장마가 오기 전에 딴다. 그때가 유월이라서 유월 동부라고 한다.

  텃밭 농사를 여섯 해째 하고 있다. 볕 바른 한 마지기 밭은 두 식구 먹을 푸성귀 가꾸기에 넉넉하다. 남편은 밭일에 그다지 흥미가 없는 것 같아 주로 내가 하지만 관리기로 밭을 갈고 퇴비를 뿌리는 큰일은 남편이 다 한다.

  감자와 동부콩을 처음 심던 해는 씨앗 값도 건지지 못했다. 감자밭엔 비닐 멀칭을 하지 않아 억센 잡초가 감자

밭을 제압해 버린 바람에 감자 캘 엄두조차 낼 수 없었다. 게다가 동부콩은 심기 전에 퇴비를 넉넉히 준 것이 화근으로 씨가 썩어 싹을 틔워 보지도 못했다. 실패의 원인을 알고 난 후 같은 잘못은 반복하지 않는다. 해마다 감자와 동부콩 수확은 자급자족하고 지인들에게 자랑삼아 인심 쓸 만큼이다.

감자와 동부콩을 거둬들이면 밭은 쉰다. 부지런하고 경제성을 따지는 농부는 틈새 작물로 참깨를 파종하지만, 사람이나 땅이나 숨 돌릴 여가를 주어야 한다는 게 나의 지론이다. 처서 지나 더위가 한풀 꺾이면 한 해 절반 농사인 김장배추를 심는다. 전반기엔 하지감자, 유월 동부를, 후반기에는 김장거리인 배추와 무를 심어 거두는 것으로 이모작을 한다. 나의 삶 역시 이모작 파종기에 들었다.

어느새 예순 고개를 넘었다. 돌이켜 보면 내외간에 눈부신 공(功)이나 부끄러운 과(過) 없이 살았다고 생각한다. 삶의 굴곡도 있었지만 감당할 만했다. 이제 남편은 직장에서 은퇴했고, 자식은 결혼하여 독립했다. 화려한 노후는 아니더라도 두 식구 생활에 궁핍하지 않을 만큼은 마련해 놓았다. 내일을 자신할 수는 없지만, 아직 건강하다. 한해 절반쯤에 하지감자와 유월 동부를 수확한 것처럼 나 역시 육십 고개를 넘으며 생애 반농사를 지은 셈이다. 그리고 기한을 정할 수 없는 절반의 농사가 남았다.

  내 생애 후반에는 무엇을 파종하여 거둬들일까. 떼돈을 벌려거나 뒤늦게 이름을 만방에 빛내려는 욕심을 부리지는 않는다. 남은 생애 보람되게 살고, 이제까지 내가 엮어 놓은 사람과의 얼개를 원만히 유지하여 마무리하려는 의지가 굳을 뿐이다. 예기치 못할 재해나 복병의 불안이 있지만 치열한 경쟁에서 한 발 물러났고, 반농사는 끝내 놓았다는 안도감이 여유를 준다. 욕심을 부리자면 나 자신만 힘들어지므로 내 형편과 적당히 타협하는 지혜도 이 나이 되어서 깨닫는다. 내 인생 후반기 농사, 해마다 먹을 만큼 심어 거두는 하지감자, 유월 동부 작황 정도라면 더 바랄 나위 없다.

(2017.)

외딴섬

    병실 문은 늘 활짝 열려있다. 수시로 요양보호사가 드나든다. 모두 어머니와 비슷한 연배의 노인들이다. 어머니는 요양병원에 오시기 전, 하루 대부분의 시간을 혼자 보내셨다. 다리 힘이 빠지지 않으려면 바깥바람을 쐬며 열심히 걸어야 한다고 간곡히 권했다. 하지만 추워서, 더워서, 바람이 불어서 등 어머니의 핑계는 나날이 늘어갔다. 종일 말벗할 사람 하나 없으니 오죽이나 따분하실까마는 자신의 집을 떠나면 큰일이 나는 것처럼 요지부동이었다. 어머니가 나다니지 않자 친정 동기간들이 드나들더니 그마저 오래 이어지지는 못했다. 같은 이야기를 연거푸 하는 어머니의 돌림노래가 듣기 지루했던가 보다. 정상적인 통화는 아니더라도 유선전화만이 유일한 외부와의 소통이었다. 어머니는 스스로 자신을 가두었다. 그때까지만 해도 노인이라서 그러려니 여겼다.

어머니는 눈에 띄게 총기를 잃어갔다. 혼잣말로 중얼거리기도 하고, 공연히 욕설을 뱉고, 하소연도 하셨다. 버럭 화를 내셨다가 언제 그랬냐는 듯 평온해지고, 죽을 지경이라고 숨넘어가는 소리를 하셔서 놀라 허둥지둥 가보면 오히려 왜 왔냐고 멀뚱히 쳐다보셨다. 가족들과 감정의 교류가 정상적으로 이루어지지 않았다. 혼자만의 세계에 들어앉으신 어머니는 별의별 엉뚱한 이야기를 다 꾸며 내셨다. 어머니와 마주 앉아 본 사람은 모두 조심스럽게 어머니의 치매를 걱정했다. 하지만 어머니는 내가 어디가 어떻단 말이냐. 쓸데없는 걱정하지 말고 이대로 자유롭게 놔두라며 역정을 내셨다. 자식 집으로 가자고 해도, 동기간의 집으로 가자 해도 한사코 마다하셨다. 요양병원 말을 꺼냈던 시누이는 어머니의 역정에 쫓겨나다시피 돌아갔다. 어머니가 자신의 집에 살고자 고집하는 까닭을 짐작 못 하는 것은 아니다. 어머니에게 집은 살아온 흔적이고, 피붙이들이 모여드는 둥지며, 먼 길 떠나는 날 편히 머리 누일 자리였던 것이다. 그런 곳을 두고 이름조차 생소한 요양병원으로 내모는 자식들이 서운하고 노여웠다.

어머니는 요양병원에 들어가는 것을 고립된 외딴섬에 갇히는 것으로 생각하셨다. 그 연세에 낯선 것들과 부딪혀야 하는 것이 감당하기 싫고, 동기간이나 자식을 볼 수 없으리라는 단절된 외로움을 두려워하시는 게 분명했다. 입원할 요양병원이 어머니가 사시는 이 도시에 있다고 아무리 얘기해도 어머니에게 각인된 요양병원은 여전히 외딴섬에 있다.

삼 년 전 이월 집을 지어 이사했다. 집을 짓는 동안 여러 번 왔었지만 밤을 맞은 것은 처음이었다. 창밖은 칠흑같이 어둡고, 바람이 마른 가지를 흔드는 소리만 간간이 들렸다. 이전에 흔히 듣던 위층에서 물 내려오는 소리나 아이들 뛰는 소리도 들리지 않았다. 오랜만에 느끼는 낯선 고요다. 멀리 보이는 간선도로로 뜸하게 오가는 차량의 불빛이 고립감을 잠깐씩 덜어주었다. 달도 뜨고 별도 떴을 텐데 사방의 어둠이 낯설어 밖에 나가 볼 엄두를 내지 못했다. 전깃불마저 없었더라면 어쩔 뻔했을까. 남편과 나, 그리고 집 짓는 동안 톱밥 먼지를 뒤집어쓴 작은 라디오가 사람 소리의 전부다. 그 외의 세상과 소통하는 문명의 기기는 아직 풀지 못한 이삿짐 속에 들어 있다. 밖의 어둠이 영영 가시지 않을 것 같은 막막함을 잊으려고 이른 잠을 청했다.

낮에는 해야 할 일이 많아 세상과 단절된 것은 잊고 지냈다. 일본에서 돌아올 때 컨테이너 선박에 실려와 이 년 동안 상자째 쌓아 두었던 짐이 집안에 가득했다. 상자에 적힌 대로 짐을 분리해 놓고 하나씩 풀었다. 집 짓는 동안 많은 것을 꺼내어 썼어도 그의 상자에는 열 때마다 공구며 작은 기계들이 꼼꼼히 포장되어 들어 있었다. 오래전부터 그런 것들을 사 모으며 은퇴하면 고향에 집을 짓고 살자고 했다. 남편에겐 돌아가고 싶은 그리운 고향이나 내게는 낯선 곳일 뿐이어서 나는 아이를 핑계 대며 한 해 두 해 그를 주저앉혔다. 집터로 마련해 두었던 이곳은 그가 두 살 되던 해 떠났던 고향 땅이다. 나에게는 물론이거니와 그에게도 어린 시절의 추억이나 학교를 같이 다닌 동년배 친구는 없다. 고립무원이나 다름없는 이곳에서 늘그막을 보내자고 그토록 성화했던가. 고향에 돌아왔고 집을 지은 것으로 꿈 한 가지는 이루었다. 아직도 열지 않은 상자 안에는 이제부터 이루고자 하는 그의 꿈이 들어 있다. 남편은 천천히 자신의 꿈을 이루겠지만 그 꿈이 세상과 어떻게 조화를 이룰지 알 수 없다. 세상과 연결되는 선은 아직 이어지지 않았다.

이사한 지 사흘째 되는 날, 가슴에 통신회사 로고가 새겨진 옷을 입은 남자 서너 명이 오더니 접시형 안테나를 세우고 케이블을 이었다. 텔레비전을 커니 젊은이들이 화면 가득하다. 이어서 전화와 인터넷이 개통되었다. 눈이 트이고 귀가 열렸다. 세상과 연결되는 숱한 선이 이어졌다. 비로소 외딴섬을 벗어나 왁자지껄한 문명의 세계로 돌아왔다.

지금 내가 사는 거제도를 외딴섬이라 말하는 사람은 없다. 뭍으로 통하는 다리가 양 갈래로 놓여 있어서 섬이라 말하기도 무색하다. 굴지의 조선소가 장평만과 옥포만에 들어선 후 외지의 젊은이들이 몰려와 인구는 이십만

명을 넘는다. 외딴섬은 소통 없고 마음 둘 데 없었던 내가 둘러친 비좁은 울타리 안이었음을 깨달았다.

어머니가 집 떠나기를 완강히 거부하는 사이 병세는 점점 더 나빠졌다. 수차례에 걸친 설득으로 요양병원에 입원시켰다. 외딴섬이 아니라 버스로 다섯 정류장만 가면 되는 곳이라고 선의의 거짓말도 했다. 환자복으로 갈아입혀놓고 돌아올 때는 눈물이 쏟아질 것 같아 몇 번이나 고개를 돌렸다. 식사는 하셨을까, 가스 불을 켜 놓고 잊고 계신 것은 아닐까, 넘어져서 꼼짝도 못 하고 계신 건 아닌지 하는 걱정에서 놓여났을 뿐 어머니에게 나아진 것은 없다. 오히려 지금까지 안 하시던 이상한 행동까지 하며 일종의 시위를 하셨다. 아무나의 옷소매를 붙잡고 집에 데려다 달란다는 얘기도 전해 들었다. 병원 측에서는 적응 기간 동안 보통 있는 일이라고 했다. 안타까운 일이지만 어쩌랴.

나는 어머니 문병을 가면 일부러 호들갑을 떤다.

"아이쿠! 우리 어머니 밥도 안 하시고, 빨래도 안 하시니 신수가 훤해지셨네. 어서어서 나으셔서 다음 달엔 집에 가십시다."

　어머니의 얼굴에 어렴풋한 화색이 돈다. 하지만 번번이 빈말하는 내 마음은 한없이 어둡다.

(2015.)

은동이 실종 사건

그날 기억이 아직도 생생하다. 어둑어둑해질 무렵이었다. 내가 쌈지와 엄지를 데리고 뒷산 어귀까지 산책하는데 그 녀석이 따라왔다. 우리 집 앞에서 헤어져 제집으로 가는 뒷모습을 본 것이 마지막이다. 그날 녀석의 집에는 아무도 없는지 불이 켜지지 않았다. 다음날은 징검다리 연휴에 끼어 직장과 학교는 재량껏 더러는 쉬고 더러는 출근했다. 사흘째 되는 날은 새벽부터 종일 비가 오락가락했고 밤에는 빗줄기가 세찼다. 그 다음날 비가 그치자 주인이 은동이를 찾으러 우리 집에 왔다. 나는 그 녀석이 집을 안 지키고 싸돌아다녀 목줄 채워 묶인 줄 알았고, 은동이 주인은 녀석이 우리 개들과 노는데 정신이 팔려 우리 집에 있거니 짐작했다. 은동이는 두 집이 서로 무책임하게 방관하고 있는 사이 자취를 감췄다. 그리고 나흘이 흘렀다.

    은동이는 아직 한 살이 안 된 이웃집 어린 개다. 목줄 채워 묶어 놓지 않으니 자유롭게 쏘다닌다. 제집보다 우리 집에 와 있는 때가 더 많다. 녀석은 몸집이 작고 어린 티를 내느라 천방지축 뛰어다닌다. 내가 밭에서 일을 하면 제가 거들겠다는 건지 훼방을 놓는 건지 알짱거리며 참견을 한다. 개도 사람과 마찬가지로 혼자 있는 것보다 어울려 있는 것을 좋아한다. 우리 집에는 여섯 살 쌈지와 네 살 된 엄지가 있다. 은동이까지 세 놈 모두 숫놈들이지만 나이 터울이 있어서 싸우지 않고 잘 논다. 게다가 내가 들며 나며 이름 불러서 쓰다듬어 주니 정을 붙인 것 같다. 은동이 얼굴의 특징은 부정교합이다. 윗니보다 아랫니가 앞으로 돌출되어 우스꽝스러우면서도 귀엽다. 은동이 사전에 낯가림이란 말은 없다. 사람을 잘 따르고 붙임성이 좋을 뿐 아니라 모르는 사람에게도 경계심이라고는 전혀 없다. 오픈마인드가 은동이 살아가는 신조이자 생존 방법인 듯하다.

은동이네 집에는 사람이 없을 때가 많다. 밤에 캄캄한 집을 홀로 지켜야 하는 어린 은동이가 딱해서 억지로 쫓아 보내지 않고 쌈지와 엄지 곁에서 자도록 내버려 두기도 했다. 나의 원칙 없는 측은지심이 서로 방관하는 계기가 되었을 수도 있다.

은동이가 없어진 걸 알고는 이웃들과 힘을 모아 찾아 나섰다. 애타게 은동이를 부르며 동네와 숲속, 근처 야산까지 헤집고 다녔다. 어떤 단서도 없다. 저마다 추측이 난무했다. 사람을 잘 따르니 누군가가 기르려고 데려간 걸까. 논밭으로 돌아다니다가 버린 농약병에 입을 대어 잘못된 게 아닌지. 농사 망치는 멧돼지나 고라니 잡으려고 놓은 덫에 걸려 변을 당했을 수도 있다는 둥.

은동이가 없어진 후 나는 일하다가 문득 연못 속을 들여다보기도 하고, 밭고랑에 찍힌 짐승 발자국을 유심히 살피기도 했다. 사진 전단이라도 만들어 돌리고 싶은데 정작 은동이 주인은 적극적으로 찾아 나서지 않았다. 한계는 어쩔 수 없었다.

한 달이 지났다. 아랫동네 지인을 만나 사라진 개, 은동이 이야기를 했다가 귀가 솔깃해지는 이야기를 들었다. 은동이가 실종된 그 무렵, 바닷가 선착장 근처에 작은 개 한 마리가 며칠간 배회했다는 것이다. 몸집 작고, 목줄이 매어져 있지 않고, 사람을 경계하지 않더라는 것이 은동이와 유사했다. 은동이 주인과 함께 바닷가 동네를 몇 바퀴 돌아보았지만 허탕이었다. 그 개가 은동이라고 확신할 수는 없지만 적극적으로 아랫동네까지 찾아 나서지 않은 것이 후회로 남았다. 기르던 개가 없어진 것은 사람의 책임이다. 주인은 아니라도 그 개를 좋아한 나 역시 나흘간 은동이 부재에 무신경했던 데에 자책감이 들었다.

법정 스님의 『무소유』에서 본 글 한 대목이 생각났다. 법정 스님이 산중 암자 생활하고 계실 때 거처에 난 화분을 하나 놓고 보았다. 집착하지 않는 것이 수행자의 자세지만 난을 보고 있노라면 사랑스럽고 기쁨과 평온을 주었다. 때맞춰 물을 주고, 바람을 쐬어주고 그늘로 들여놓아야 하는 수고마저도 산중 생활의 즐거움이었다. 스님이 며칠간 암자를 떠나 먼 곳에 다녀올 일이 있었다. 행장을 차려 산길을 내려왔다. 거의 다 내려왔을 무렵 난 화분을 밖에 내놓고 왔다는 생각이 들었다. 며칠 동안 뙤약볕 아래 그대로 두면 안 될 것 같아 스님은 두 시간 가까이 내려 온 길을 다시 되돌아 올라갔다. 스님은 무엇을 좋아하고 사랑한다는 것은 그만큼의 책임과 수고가 따른다는 걸 다시 한번 깨달았다고 했다.

  개는 유구한 세월 사람과 가까이 지내며 길들었다. 충직하게 주인과 관계를 지킨다 해도 야생의 본능은 있다. 개의 목줄은 구속의 굴레이며 책임지겠다는 약속의 고리이기도 하다. 사람과 어울려 살기 위해 불가피한 구속이었다면 보호의 약속도 지켜져야 한다. 구속을 거부한 은동이가 자초한 일인지, 보호의 책임을 제대로 못 한 인간의 잘못인지 은동이 생사 거취는 오늘까지도 오리무중이다.

(2019.)

그리움에 대하여

　전화기를 양손 바꿔가며 긴 이야기를 했다. "괜찮니, 이렇게 길게 통화해도 괜찮아?" 우린 몇 번이나 서로의 시간적 형편을 확인했다. "난 괜찮아. 스물네 시간을 넘게 걸려 만나러 가기도 하는데 한 시간 통화 좀 하면 어때." 서로 긴 통화에 대해 합리화했다. 한국을 떠나 산 적이 있던 나는 그녀의 타향살이를 많이 공감하고 위로한다.
　그녀는 지금 중앙아메리카 카리브해 연안 작은 나라에 있다. 그녀 나이 마흔 살 가깝도록 세상사는 일에 아무런 어려움이 없었다. 부모 슬하에서나 남편의 그늘 아래서도 그랬다. 돈이 생활을 좌우하고, 가난이 행복의 밑동을 갉아 먹는다는 말의 의미를 마흔 살이 넘어서 알았다고 고

백한 적 있다. 그녀의 남편 사업이 IMF 경제위기로 연쇄 부도 덫에 걸려 넘어졌다. IMF 후 국내 경제가 바닥을 모르게 가라앉던 때였다. 남편은 돈이 될 만한 다른 일을 모색했지만 여의치 않자 몸으로 부딪쳐 보겠다며 혼자 그곳으로 떠났다. 그가 종합상사 다니던 시절에 거래해 본 적 있는 그 나라에 가서 두 해를 버텼다. 희망이 보이자 한국에 남아 있던 가족을 불러들였다. 세 식구는 지구 반 바퀴를 돌아가야 하는 먼 나라 코스타리카로 떠났다.

어린 두 아이를 데리고 세 나라 공항을 거쳐 가는 동안 이민 가방 다섯 개는 온전한 것이 없이 끈이 떨어졌거나 바퀴가 빠져 달아났다. 세 사람의 몰골은 국제 난민 행색과 다름없었다고 한다. 당시 우리나라와는 미수교국이라 불편한 점은 한두 가지가 아니었다. 영주권이 없는 동안에는 3개월마다 이웃 나라에 가서 하루를 묵으며 단기 비자를 받아 입국해야 하는 유민 같은 생활이었다. 낯선 이국 생활은 막연한 예상보다 훨씬 힘들었다. 비자 관계로 이웃 나라에 갔다가 돈을 요구하는 인질극을 당한 적도 있고, 사업체를 빼앗으려는 동종업자의 고발로 한동안 문을 닫은 적도 있다. 아무리 바빠도 서두르는 걸 모르는 느긋한 그 나라 국민성에 하루에도 열두 번 부아가 치밀었다. 내 나라에 돌아가 밑바닥부터 다시 시작할까 생각했지만, 빈손으로 돌아갈 용기가 없어 다시 기운을 차렸다. 그 나이 되도록 마음에도 손발에도 옹이진 굳은 살이 없어서 처음엔 힘들었으나 지금은 심적으로 단단히 굳어져서 웬만한 일은 놀라지도 않는다고 해서 같이 웃었다.

다행히 아이들은 주어진 환경에 저항 없이 성장했고, 어른은 돈벌이에 바빴다. 그 나라 공용어인 스페인어가 늘어가는 만큼 형편도 조금씩 나아졌다. 아이들은 제각각 두어 차례 모국을 다녀갔지만, 어른은 십일 년 만에야 혈육의 중환을 구실로 한번 다녀갔다. 일곱 살이던 맏이는 서른 살을 넘겼다.

나 역시도 그랬다. 멀지도 않은 이웃 나라임에도 사고(思考)의 차이, 가치관의 차이 등 문화와 정서가 달라서 혼란스러울 때가 많았다. 세월이 가며 익숙해지고 어느결에 닮아가고 생활화되니 오히려 살기가 편해졌었다. 생활 습관이 몸에 배일만 하니 내 나라로 돌아와 다시 혼란스러워 갈팡질팡했다.

　그녀는 이제 그곳 생활에 안정이 되었다. 아무리 바빠도 서두르는 법이 없는 그 나라 국민성에도 적응이 되었다. 살기에 허둥거릴 때는 그곳이 내 나라와 얼마나 먼지, 가까운지 생각조차 안 하고 지냈는데 이제 와 보니 너무 먼 곳에 와 있다는 것이다. 내 나라, 부모 형제 향한 그리움만 없다면 살기는 괜찮다고 했다. 그 마음을 안다. 사무치게 그리워해 본 사람이 그리움의 깊이를 안다.

　내 나라가 아무리 멀어도 언제든 마음먹으면 갈 수 있다는 기대가 위안이고 안도감이었는데 요즘은 가려고 해도 못 가니 더욱 그립다고 한다. '코로나19'라는 반갑잖은 손님이 지구촌 곳곳을 헤집고 다니니 코스타리카도 예외는 아니다. 우리네나 마찬가지로 두문불출하고 있단다. 코스타리카와 그 주변국을 여행하려던 나의 계획도 올해는 미뤄야 할 것 같다고 했다. 그녀는 더 나이 들면 중남미 여행은 더욱 하기 힘드니 미루지 말라고 한다. 늘 하던 말이다. 전화라도 마음대로 할 수 있으니 그게 어디냐고 의기투합했다. 우리는 서로 돌림병 조심하라고 몇 번이나 당부하며 전화를 끊었다.

    나는 스마트폰을 내려놓고 뻐근한 팔을 한참이나 주물렀다. 지구 저편에서도 나처럼 팔을 주무르고 있을 게다.

(2020.)

서 있는 배

등대로 가는 길. 숨 가쁘지 않을 만큼 경사가 완만하여 나직하게 이야기 나누며 걸어도 좋다. 왼편엔 야산을 끼고, 오른쪽 아래로는 바다와 나란히 걷는다. 바다에서 불어오는 칼바람은 해송 사이를 빠져나오며 한결 부드러워진다. 그 길은 휴일이 되면 산책하는 사람이 더러 있을 뿐 평소에는 인적이 드물다. 바다로 쭉 뻗은 길 끝에 태평양을 마주하고 서 있는 서이말 등대가 있다.

오늘도 등대에서 바라보이는 바다에 여러 척 선박이 떠 있다. 바다는 거리 감각이 무디어 얼마나 떨어진 거리에 서 있는지 가늠키 어렵다. 수천 톤은 되어 보인다. 같은 자리에서 지난주에도 보았고 지난달에도 보았다. 조선소를 지나며 건조 중이거나 수리하는 큰 선박을 많이 보아 온 터라 바다에 떠 있는 배가 신기할 것은 없다. 하늘은 맑고 바다는 푸른데 서 있는 배를 바라보는 마음은 답답하다. 배는 그의 처지와 닮은꼴처럼 겹쳐져 보인다.

 공이 벽에 튕기는 소리가 코트 밖에서도 들린다. 그는 오늘도 답답한 마음을 털어내듯 혼자 벽치기를 하고 있다. 남편과 내가 코트에 들어서자 반가움과 멋쩍은 기색이 얼굴에 드러난다. 치열한 사회생활을 경험하지 않은 그는 수줍어하는 색시처럼 인사를 한다. 그에게 이런 취미라도 있어서 얼마나 다행인가. 낯선 그가 어느 날 테니스코트 밖에서 기웃거렸다. 학교 다닐 때 테니스를 치다가 군대 입대하느라 라켓을 놓았는데 복학해서는 공부 따라가랴, 취업 준비하랴, 라켓 다시 잡을 여유가 없었다고 한다. 현재 그의 신분을 구체적으로 말하면 취업준비생이다. 학교를 졸업하고 군 복무도 마쳤으니 자연스럽게 취업으로 연결되어야 하는데 그는 두 해째 주춤거리고 있다.

 자의로 취업을 거부하는 것은 아닌 듯하다. 웬만한 취

직자리는 마음에 차지 않아서 느긋하게 기다리는 것 같지도 않다. 몇 년 전만 하더라도 그의 전공 분야는 어렵지 않게 취업했다. 먼 객지로 떠나지 않고도 취업할 수 있는 것이 그 학과를 선택한 동기일 수도 있는데 조선 경기 침체와 맞물려 취업의 길이 막혔다. 취업을 포기하고 가업에 합류할까 했는데 부모님이 만류했다고 한다. 당신들은 궂은일을 해도 자식은 남 보이기 근사한 직업을 갖기 바라는 게 보통의 부모 마음이다. 자식 공부 뒷바라지해 놓으면 바로 취직하여 제 앞가림하리라 여겼던 그의 부모님 속앓이는 오죽할까. 그가 시험이나 면접을 보러 도시에 다녀오고 나면 휴대폰의 벨 소리를 높여 놓고 공을 친다. '취직이 되어 평일에는 공을 칠 수 없게 되었습니다.'라는 말 듣기를 기대하는데 아무런 말이 없다. 내색은 안 해도 애태우고 있다. 그런 마음을 건드리지 않으려고 취직에 대해서는 모두가 함구한다. 그 혼자의 고민이 아니라 거제도 많은 사람이 겪고 견디는 문제라서 서로 이해하고 위로한다.

　예전부터 거제도는 궁핍한 섬은 아니다. 바다의 풍부한

어족자원과 넓은 농지는 반농반어를 할 수 있었고, 레저 문화가 우리 생활에 자리 잡으며 해안 곳곳 해수욕장은 각광받는 피서지다. 여름 한 철 벌어 한 해 살기에도 부족하지 않은데 혹한이 없고 비경이 많은 거제도는 사철 휴양 관광지로 알려져 있다.

사십여 년 전 장평만과 옥포만에 조선소가 들어섰다. 인재와 많은 노동력이 필요했다. 하지만 도농의 차가 심하던 칠십 년대, 거제도에 있는 직장을 선호하는 사람은 드물었다. 초창기 조선소가 속해있는 두 그룹사에서 거제 조선소로 발령 나면 가족은 도시에 두고 단신 부임하였다가 일이 년 만에 사표 쓰고 떠나는 이가 많았다고 한다. 조선소는 세월이 흐르며 부침(浮沈)이 있기는 했지만 규모와 기술 면에서 세계적인 조선소로 발돋움했고 거제도의 상당 부분을 이끌어 갔다.

내내 호황일 것 같던 조선 경기가 몇 해 전부터 급격히 어려워졌다. 세계적인 불황, 해운업 침체, 내부적 요인까지 보태어져 조선과 해양의 수주 물량이 현저히 떨어졌다. 그동안 양대 조선소에 크게 의존해 왔던 거제도의 경제는 풍랑주의보 내려진 바다처럼 출렁이고 있다. 위축된 조선 경기에 흔들리고 조선소 일을 떠나는 사람들의 빈자리로 흔들린다.

  등대 앞바다에 서 있는 배는 엎치고 덮친 어려운 거제와 조선업 현실을 그대로 보여주고 있다. 화려한 진수식을 마치고 박수를 받으며 바다에 띄워졌지만, 대양으로 나가지 못하고 등대에서 보이는 그 자리에 닻을 내리고 멈췄다. 선주사가 잔금을 치르지 못해서 인수해 가지 못하고 있는 배, 선적할 화물의 양을 채우지 못하여 기다리는 배, 도크 정박 비용을 줄이려고 근해에서 대기하는 배. 선박마다 다양한 사정이 있지만 서 있어야 하는 이유가 배 자체에 있는 것은 아니다.

  취업 재수를 하는 그를 보는 심정이나 항해할 준비가 다 되어 있어도 먼 바다로 나가지 못하는 배를 바라보는 심정은 바다 밑에 내려진 닻만큼이나 무겁다. 등대 앞바다에 서 있는 배가 기다림을 끝내고 출항 고동을 울리는 날은 언제일까. 그리고 그 젊은이가 테니스코트 대신 직장으로 출근하는 날은 언제일까. 어깨를 펴고 물보라를 일으키며 먼바다로 나아가는 그 날이 어서 오기를 기다린다. 비록 거센 파도, 냉혹한 기성 사회에 부딪힐지라도.

(2016.)

자리걷이

아침마다 오르는 뒷산 산책길에서 사흘째 마주쳤다. 언제부터 산을 헤매고 다녔는지 꼴은 말이 아니다. 길게 자란 털에 검불과 진흙 덩이가 온몸에 엉겨 붙어 있어 발을 떼기에도 힘겨워 보였다. 도움을 청하는 듯 제 모습을 드러내면서도 경계심 때문에 가까이 오지 않는다. 초봄의 산바람은 아직 찬데 주위엔 개의 거처가 될 만한 곳이 없다. 몸집도 작은 것이 이 산중에서 스스로 먹이를 찾아 해결하는 일은 그리 만만하지 않았을 것이다. 주인을 잃고 헤매다가 거기까지 왔을까. 기르던 개를 산에 갖다 버린 것일까. 무책임한 인간을 생각하니 화가 난다. 불쌍한 생명을 못 본 체할 수 없다.

장갑과 목줄을 챙겼다. 그물망까지 준비했지만 지칠 대로 지친 개는 별 저항 없이 잡혔다. 가까이에서 본 모습은 더욱 처참하여 애완견이라기보다 낡은 마포 걸레 같다. 거죽에 걸친 남루의 무게는 상당했다. 씻겨서 뭉친 털을 대충 깎고 보니 앙상하게 마른 흰색 몰티스였다.

작은 상자 안에 또 하나의 상자를 넣고 아치형으로 입구를 도려내어 개집을 만들었다. 포근한 옷가지를 깔아 주었지만 낯설어 집에 들어가지 않는다. 먹이도 안 먹더니 사람이 눈에 띄지 않을 때 조금씩 먹는다. 이제는 집에 들어가 제 몸을 한껏 웅크리고 있다. 제 이름을 알 수 없어 우리 개들의 돌림자를 따 꽁지라고 붙였다. 안으려고 하면 기겁을 해서 내 손등을 물려고 한다. 안심하고 마음 열기를 기다렸다. 며칠 지나자 쓰다듬는 손을 허락했고, 좀 지나자 보듬어 안는 것도 허락한다. 안으면 내 팔에 턱을 괴고 발을 꼼지락거리는 것으로 실낱같은 믿음을 표현했다.

먹이를 먹고 나면 어디론가 나갔다가 한참 만에 돌아오곤 했다. 볼일을 보러 나가는 것이려니 했다. 한 줌밖에 안 되는 녀석이 힘없이 걷는 모습은 구겨진 휴짓조각이 미풍에 구르는 것처럼 보였다. 그날도 부드럽게 불러 준 먹이를 조금 먹고 나서 살그머니 나가는 것을 보았는데 들어오지 않는다. 갈 만한 곳을 아무리 찾아다녀도 없다. 꽁지를 찾아낸 곳은 처음 녀석을 발견한 그곳이었다. 산으로 오르는 길목이 내려다보이는 곳, 찬 바닥에 네 다리를 뻣뻣이 편 채 죽어 있었다. 죽을 때까지도 주인이 찾으러 오리라는 믿음을 버리지 않고 그곳에서 기다렸다고 생각하니 측은하여 가슴이 에인다. 내가 목에 둘렀던 수건을 풀어 죽은 꽁지를 여미어 싸는 동안 남편은 언덕바지 나무 밑에 작은 구덩이를 팠다. 남편도 나와 같은 생각을 하고 있는지 아무 말이 없다. 주인을 찾아 산속을 헤매고 다니던 꽁지는 인간에 대한 경계심이 컸을 게다. 나를 만나 그 마음의 상처가 치유되고 인간과의 관계가 회복되길 바랐다. 영양 공급과 마음의 안정이 우선이라 판단하여 의사의 적극적인 치료를 미룬 것이 후회되었다. 남편은 "제 명이 그뿐인 걸 인력으로 어쩔 수 있나." 변명처럼, 체념처럼 중얼거리며 꽁지 묻은 자리를 다독거려

마무리했다.

보름 남짓 돌본 떠돌이 개의 죽음은 오래전에 이웃집에서 초상을 친 후 했던 자리걷이 굿 기억을 내 앞에 끌어다 놓았다.

그 집과 우리 집은 한 집 건너 이웃이었다. 대내로 물려받은 재산으로 애쓰지 않고도 잘 산다는 말 뒤에는 가장의 난봉기 때문에 그의 처가 가슴앓이를 한다는 말이 같이 따라다녔다. 그러던 그 집 가장이 죽었다. 상가의 마당뿐 아니라 집 앞길에도 차일이 처졌다. 평소 한껏 멋을 부리던 이웃집 여자들이 누런 베옷 차림에 머리에는 수질을 썼다. 그런 차림이 죽은 사람보다 더 낯설고 멀게 느껴졌다. 사람의 죽음을 수습하는 한편에서 먹고, 마시고, 웃고, 떠들며 화투판까지 벌이는 광경이 그 나이 때는 도무지 이해되지 않았다. 부잣집이라 초상은 장하게 치르는데 진정 애통해하는 사람은 아무도 없는 것 같다던 어머니의 말씀도 이 나이가 되어서야 그 뜻을 헤아릴 수 있다.

발인한 후에도 그 집 안마당의 차일은 걷히지 않았다.

해 질 녘에 동네 사람들이 자리걷이 굿을 구경하러 다시 모여들었다. 무당이 망인의 목소리를 빌어 넋두리하며 서럽게 울었다. 그리고 과부가 된 안주인의 치마폭에 얼굴을 묻고 울면서 용서를 빌었다. 평생 의좋게 살자고 약속해 놓고 가슴에 못을 박아 미안하다고 했다. 망인의 처도 목 놓아 울었다. 그것을 바라보던 구경꾼들은 숙연했고 주위는 조용했다. 아무도 입을 여는 사람이 없었다. 그런 침묵이 떠난 자에 대한 남아 있는 자의 도리인 것처럼 느껴졌다. 얼마의 시간이 흐르자 여기저기서 훌쩍이는 소리가 나기 시작했다. 동네 노인들은 자기 설움마저 보태어 연신 눈언저리를 닦았다. 아무것도 모르며 기웃거렸던 나도 젖은 눈을 소매 끝으로 찍어냈다. 자리걷이는 무당의 힘을 빌려서나마 떠나는 이에게는 홀가분하게 짐을 벗겨 주고, 남은 가족은 위로하여 서로의 관계를 정리하는 마음의 빚잔치였다.

  꽁지가 떠난 후 나는 그 흔적을 걷어냈다. 보금자리를 소각로에 넣고 불을 붙였다. 꽁지의 흔적이 타면서 피어오르는 불꽃과 연기를 보며 꽁지의 주인을 대신하여 용서를 빌었다. 망인의 처 치마폭에 얼굴을 묻고 용서를 빌던 무당의 모습이 겹쳐졌다. 꽁지의 흔적이 연기가 되어 날아갔다. 나의 혼잣말은 분명 꽁지에 대한 나의 간절한 기도이며 내가 해줄 수 있는 최선의 자리걷이였다. 불꽃도 연기도 사그라들고 소각로의 바닥에 한 줌의 재가 떨어졌다.

(2015.)

4. 그해 겨울

저게 별이야 비행기야

적정 거리

주행

지안재 굽잇길 넘고 섬진강 모랫길 걷고

결

텃세

오직 한 톨 씨앗을

해당화

잔칫날 유감

녹명(鹿鳴)

그해 겨울

저게 별이야 비행기야

지리산 휴게소를 지나니 바람에 날리는 눈발이 보였다. 아침나절 떠나 온 거제도 날씨는 화창했는데 내륙으로 들어올수록 하늘이 회청빛으로 내려앉는다. 오는 눈이 제법 쌓일 기세다. 겨우내 눈 구경 못 하고 사는 우리 일행을 환영하는 것인지, 겁을 주는 것인지 알 수 없지만 간만에 보는 설국 세레모니다. 전주에 온 공식 일정을 마치니 창밖엔 어둠이 깔렸고, 말갛게 씻긴 하늘엔 초저녁달도 보인다. 날이면 날마다 보는 눈도 아닌데 눈길 한번 걸어보자는 말에 모두 일어섰다. 전주 한옥 마을을 한 바퀴 돌았다. 해마다 이맘때 문학상 시상을 겸한 세미나를 전주에서 하기 때문에 여러 번 왔다. 저녁 일정을 끝내면 이

거리를 거닐다 카페에 들러 머그잔 가득 부어주는 커피를 반쯤 마시고 숙소로 들어가곤 했다.

일행 중 한 사람이 멈춰 서서 까만 하늘을 뚫어지게 본다. "저게 별이야, 비행기야?" 혼잣말한다. 곁에서 그 말을 들은 나 역시 한참 올려다보았다. "움직이네요. 비행기 같아요." 그녀는 아직도 고개를 젖히고 서서 비행기 행로에서 눈을 떼지 못하고 있다. 다른 사람은 별이면 어떻고 비행기면 어떠냐고 할지 모르지만 나는 그녀가 눈을 떼지 못하는 마음을 짐작할 것 같았다. "호주로 가는 비행기일지도 모르지요." 그녀의 마음을 읽었다는 듯 가볍게 팔짱을 끼며 그런 말까지 덧붙였다.

그녀의 아들은 호주에 있다. 대학을 졸업하고 재학 중에 군 복무도 마쳤다. 스펙을 쌓아야 취업에 유리하다기에 일 년간 영어권 국가에 어학연수도 다녀왔다. 남편의 정년퇴직은 부득부득 다가오는데 아들은 졸업한 지 일 년이 넘도록 취업이 되지 않았다. 저 자신은 얼마나 속이 탈까 싶어서 아들의 눈치만 볼 뿐 물어볼 수도 없었다고 한다. 어느 곳은 서류전형에서 밀렸고, 어떤 회사는 면접까지 보았지만, 합격 소식은 없었다. 일 년여 그렇게 보냈다. 더구나 부자간 관계마저 소원해져 아버지가 집에 있는 휴일에는 아들이 일찌감치 밖으로 나갔다가 저녁에나 들어온다고 했다. 아들도 백방으로 알아보고 있겠지만 바라던 소식은 없었다.

하루는 아들이 어머니에게 신중한 어조로 의논해 왔다. 호주로 워킹 홀리데이를 갔다 오겠다며 비행기 티켓 값을 마련해달라고 했다. 호주에 가서 현지 사정을 잘 알아보고 그곳에 정착할 방법을 모색해 보려고 하니 마지막으로 뒤를 밀어달라는 것이었다. 국내에서의 취업이 기약 없던 터라 허락할 수밖에 없었다.

그녀의 아들은 단출한 짐을 들고 떠났다. 공항에서 배웅하고 돌아오는 마음은 복잡했다. 마음의 짐을 던 것 같기도 하고 한 지붕 아래 살며 따듯한 밥을 해 먹일 때보다 오히려 걱정이 보태어진 것 같기도 했다. 끼니때에 "객지에서 밥이나 굶지 않는지…" 혼잣말을 하면 괜한 걱정을 한다고 퉁바리를 주던 남편도 시간이 지나면서 아들 걱정하는 마음을 감추지 않았다. 객지에서 두 계절을 보내고 아들이 돌아왔다. 아들은 이리저리 바쁘게 다니며 서류를 준비하고 아르바이트를 해서 푼돈이나마 모아 다시 호주로 떠났다. 제힘으로 일어서 보겠다는 말로 불안해하는 부모를 안심시켰다. 그리고 세 해가 지났다고 한다. 아들에게 한번 가봤으면 좋겠는데 코로나 때문에 오도 가도 못하니 답답하다고 했다. 그 아들의 어머니는 밤하늘에 박힌 별인지, 움직이는 비행기인지 분간조차 어려운 불빛에 마음을 싣고 하늘길을 날고 있는가 보다. 오매불망 아들을 그리며. 내가 그랬듯이.

　일본에서 십삼 년 만에 돌아올 때 대학을 졸업하고 이제 막 취업한 아들을 그 나라에 두고 왔다. 남편과 함께 귀국 인사를 하러 갔을 때 시고모님은 어린 자식을 남의 땅에 혼자만 떼어 놓고 온 매정한 것들이라고 혀를 차셨다. 제 알아서 씩씩하게 잘 지내고 있으니 걱정하지 마시라고 했다. 말은 그렇게 했지만, 어미인 나는 아이 혼자 지내는 것이 늘 마음에 걸렸다. 퇴근하면 불 꺼진 집에 들어와 혼자 쓸쓸하게 밥 먹을 걸 생각하면 내 입에 든 밥알이 목으로 넘어가지 않았다. 여러 해 지내면서 무심한 듯 익숙해졌다.

  그러는 사이 아이는 결혼을 하고 자식을 낳아 일가를 이루었다. 같이 의지할 사람이 있으니 한결 마음이 놓인다. 부모가 자식을 염려하고 그리워하는 만큼 자식은 부모를 생각하지 않는다고 하니 내 자식인들 별다르랴. 그런 내리사랑 때문에 인류가 종족 보존을 할 수 있었다고 말하기도 한다. 제 식구 건사하며 나이 먹어가는 자식이 가끔 부모를 이해하는 듯 걱정해주고 철든 소리를 한다. 그리워한 세월의 보상이라 여긴다.

  저녁 식사를 끝낸 초저녁, 서늘한 바람도 쐴 겸 테크 난간에 기대어 서면 자연스럽게 밤하늘을 올려다본다. 밤하늘에 반짝이는 불빛이 박혀있는 별인가, 움직이는 비행기인가 한참 올려다봐야 안다. 낮에 텃밭 풀을 뽑다가도, 빨래를 널다가도 비행기 소리가 나면 무심결에 나의 시선은 비행기 꽁무니를 쫓았다. 객지에 자식을 둔 어미라면 저마다 나름의 그리움 해소법이 있을 게다. 코로나 때문에 오가지 못하는 터라 하늘 꼭대기 날아가는 비행기에 그리움이라도 얹으려니 요즘은 어째 지나가는 비행기마저 뜸하다.

(2020.)

적정 거리

　가방 두 개를 실은 캐리어를 밀며 나리타공항 출구를 나온다. 마중 나온 사람들이 빙 둘러서 있지만 나와는 무관하다. 며느리는 저녁 비행기나 휴일에 오길 바랐지만, 공항에 안 나와도 된다는 말로 일축했다. 익숙하게 전차를 두 번 갈아타고 아들네 집으로 향한다. 내 집 들어가듯 잠긴 문을 열고 들어간다. 남편은 아들네 열쇠를 가지고 있는 나를 간 큰 시어머니라고 놀렸지만, 나의 경우는 예외다. 집안은 잘 정돈되어 있다. 출근 준비하기도 바쁜 아침 시간에 쓸고 닦았을 걸 생각하니 마음이 편치 않다. 나도 예전에 그랬던 기억이 있다. 어머니가 며느리 살림 시찰하러 오시는 것도 아닌데 왜 그랬을까. 식탁에 차 세트와 간식이 준비되어 있지만 앉지 못하고 가져온 가방을 연다.

콧구멍만 한 거실에 가방 두 개를 펼쳐놓으니 발 디딜 곳조차 마땅히 없다. 주인이 부재중이라 오히려 다행이다. 나는 가지고 온 것들을 냉장실과 냉동실에 나누어 정리한다. 일본 먹거리와 한국산 먹거리가 가지런히 포개진다. 며느리가 퇴근해서 오기 전에 난리통 같은 현장을 수습하려니 마음과 손이 바쁘다. 다행히 며느리는 한국 음식이면서도 일본 맛 같은 내 솜씨를 좋아하고 잘 먹는다. 내가 일본에 살 때 한국 식자재는 없고 비슷한 재료를 사서 한국 음식 비슷하게 맛을 냈던 것이 내 솜씨로 굳어 버렸다. 남편은 가끔 상에 올라온 음식을 맛보고 이 음식의 국적은 어디냐고 묻곤 했다.

자식도 한 집안의 가장이 되어 제 식구 거느리고 부모 집에 오면 손님 같듯이 자식 집에 온 어미도 엄연한 손님이다. 가족으로 맺어진 지 두 해 남짓한 며느리와 나는 아직 서먹하다. 목욕을 하며 손이 닿지 않는 곳의 때를 밀어주는 사이는 고사하고, 조석으로 얼굴을 보며 밥상을 같이 한 횟수조차 손꼽을 정도다. 말로는 마음 터놓고 편히 지내자고 하지만 실상은 배려하고 예(禮)를 차리느라 서로 같은 무게의 긴장감을 머리에 얹고 있다. 며느리를 보면 젊은 날의 나를 보는 것 같다.

 나 역시 시어머니와 삼십여 년을 그렇게 살았다. 바짝 다가서지도 않고 멀찌감치 물러서는 것도 경계하며 부딪치지 않을 만큼 거리를 두었다. 자랑이나 걱정거리는 적당히 희석, 여과하여 알렸고, 수고나 부담은 끼치지 않는 것이 장래를 위해 상책이라 여겼다. 고부의 성정이 딱 맞았다고 할 수 있다. 서로 바라보며 처지를 이해하고 신뢰하면 된다는 게 나의 바람이었고, 어머니도 아들이나 며느리에게 마음의 제어를 헐겁게 풀지 않으셨다. 그렇게 삼십여 년 믿음이라는 씨줄, 이해라는 날줄로만 엮이다 보니 질기기는 해도 올이 굵고 성글다. 아기자기한 이야깃거리나 추억도 마음속에 담아 둔 원망도 별로 없다.

 그런 내가 이태 전 며느리를 맞았다. 우리 가족은 한·일 다문화 가족이다. 아들은 어릴 때 부모 따라가 일본에서 자라고 그 문화에 길들었다. 그런 아들의 짝을 내 나라에서 찾는다는 것이 오히려 생경한 일이다. 아들, 며느리는 몇 년간 사귀고 결혼했다. 며느리는 우리말을 인사말 정도밖에 못 한다. 말은 절실한 필요성을 느껴야 습득이 빠른데 가족 간 대화하는 데 장애가 없으니 배울 필요성을 못 느끼는 것 같다. 나를 부를 때 아들은 '엄마'라고 부르고 며느리는 '오가아상'이라고 부른다. 한 가정에 양국의 언어와 문화가 공존하므로 다른 언어의 호칭으로 부르는 것 또한 당연하다. 적정 거리에서 치우침 없이 양쪽 언어에 귀를 열어 두면 가족 관계는 무난하다. 적정 거리를 두어야 할 데가 고부 사이만이 아니다. 이웃이나 동료, 나무 한 그루, 풀 한 포기도 실하게 성장할 적정 거리는 필요하다. 낚시터 역시 그렇다.

파도가 잔잔한 날이면 집에서 멀지 않은 포구 방파제로 낚시하러 간다. 도무지 입질조차 없어서 허탕 치는 날이 있긴 해도 어지간하면 두어 시간 만에 저녁 찬거리 될 만큼은 마련하여 온다. 방파제 낚시터에서도 적정 거리는 필요하다. 오랜만에 반가운 사람을 만나더라도 낚싯대 휘두를 정도의 거리는 두고 자리를 잡아야 한다. 고기가 잘 잡히는 날은 한자리에 앉아서 하지만 낚시가 잘 안 되면 자리 탓을 하며 옮겨 다니기도 한다. 낚시 초보자는 고기를 잘 낚아 올리는 고수 가까이에 끼어 앉으려고 기웃거린다. 어깨너머로 배우는 것도 실력을 쌓는 데에 큰 도움이 되기 때문이다. 자신의 낚시 시간을 빼앗기더라도 자상하게 가르쳐 주는 사람도 있지만, 대부분은 옆자리에 비좁게 끼어드는 초보 낚시꾼이 달갑지 않다. 낚싯대를 던질 때도 위험하고 서로 줄이 엉키면 풀거나 끊어내느라 서로 애를 쓴다. 낚시꾼들 사이에서나 고부 관계나 적정 거리는 필요하다.

　가족이라는 얼개는 잠시 쓰고 풀어버리는 한시적 조직이 아니다. 긴 여정 같이 가려면 서로 적당한 거리와 간격은 필요하다. 허물없이 가까운 사이라고 부딪치고 낚싯줄처럼 엉키느니 조금 사이를 띄어도 좋다. 떨어져 앉아 제각각 낚시를 즐기다가 가끔 가서 내 솜씨를 한 수 가르쳐 주거나 낚아 놓은 어획량을 들여다보는 재미는 쏠쏠하다. 제각기 살다가 가끔 자식 사는 모습을 들여다보는 재미도 그에 못지않다.　　　　　　　　　　(2018.)

*오카아상 : 어머니라는 뜻의 일본 표준어.

주행

출발도 늦었다. 약속한 시각에 맞춰 가기도 빠듯한데 고갯길에서 골재 실은 덤프트럭을 만났다. 앞지르기를 하기에는 위험한 길이다. 바쁜 마음에 조바심 내며 따라가는데 갓길이 보이자 앞차가 깜빡이등을 켜고 비켜서며 길을 내어 준다. 덕분에 주행 속도를 낸다. 트럭이 뒤처져 따라온다.

어머니가 속옷 몇 벌 챙겨 요양병원에 입원하신 지 두 해가 지났다. 어머니가 다시 집에 돌아와 살림하며 사신다는 기대는 오래전에 접었지만 차마 어머니의 살림을 치우지 못했다.

어머니가 사시던 집이 팔렸다. 살림살이를 치우고 집을

비워줘야 하는데 바쁜 일에 쫓기고 하루 이틀 미루다가 코앞에 닥쳤다. 마음은 바쁜데 버릴까 말까 망설이는 손은 느리다. 어머니의 고운 때가 탄 토끼털 배자와 누비저고리, 두루마기는 쓰레기봉투에 담겨 넝마로 나갔다. 평생 애착을 갖고 쓸고 닦던 장롱과 소소한 살림살이는 적지 않은 돈을 수거료로 내고 한 차 실어냈다. 기억의 끈이 풀리고 당신 몸 하나도 추스르지 못하지만 생존해 계신 어머니의 집이며 옷가지, 살림살이를 처분하는 일이 순서를 어기고 앞질러 하는 것 같아 마음에 걸렸다. 집안은 거칠 것 없이 휑하다. 며칠 후 잔금을 받고 명의를 넘겨주면 이 공간과의 인연은 끝난다. 어머니의 것은 손수 장만해 놓은 수의 보따리와 주민등록증 그리고 아무 데도 쓸 일 없는 목도장뿐이다.

내가 어머니의 살림에서 추려내어 가져온 것은 눈이 맵도록 좀약 냄새가 나는 보따리 몇 개가 전부다. 며칠간 밖에 두고 거풍시켰어도 좀약 냄새는 여전하다. 옷 갈피를 들추어 창호지에 싸인 좀약을 다 빼낸 후에도 냄새는 가시지 않는다. 아들은 어릴 때 이 좀약 냄새를 할머니

집 냄새라고 했다.

　어느 날 냄새가 얼추 빠진 보따리를 하나씩 풀어 보았다. 큰 보자기에 싸여 있는 것은 어머니의 수의다. 어머니가 예전에 손수 짠 삼베로 수의전문점에 부탁해 지어놓으셨다는 얘기는 여러 번 들었지만 보는 것은 처음이다. 겹겹이 입히는 갖춘 수의가 아니라 화장(火葬)이 일반화된 시대에 맞추어 가짓수를 간소화한 것이다. 어머니는 먼 길 갈 때 입을 옷을 진즉부터 장만해 놓고 온 길을 되돌아갈 수 없는 갓길에 서서 두 해를 보냈다.

　또 다른 보따리에는 흰 옥양목 두루마기가 다섯 벌 들어 있다. 두루마기마다 이름표가 붙어 있다. 내 남편의 이름, 장조카의 이름, 그리고 시누이 남편의 이름이다. 또 하나 이름을 보고 멈칫했다. 시외삼촌 이름이다. 어머니가 여러 동생 중에 막냇동생 두루마기 한 벌을 해 놓으신 연유를 짐작해 보기는 그리 어렵지 않다.

　해방되기 이태 전, 시외조부께서는 혼기에 차지도 않은 열여섯 살 맏딸의 혼인을 서둘렀다. 정신대에 끌려가는 것을 면하게 하려는 장치였다. 시어머니는 거역할 수 없는 어른들의 말씀에 따라 업고 있던 막냇동생을 내려놓고 초례청에 섰다. 얼떨결에 쫓기듯 시집온 열여섯 살 누이는 늘 등에 업혀있던 막냇동생이 눈에 선했다. 맏이와 막내, 그사이에 많은 형제가 있어도 두 사람은 각별히 도타웠다. 막내에게 맏누이는 늙은 어머니 대신이었을 뿐만 아니라 맏누이의 장남과는 숙질간이기보다 형제나 친구처럼 같이 컸다.

어머니가 친정 부모를 설득한 덕분에 막내 외삼촌은 서울로 진학했고, 친정 살림 뻔히 아는 어머니는 구메구메 동생의 학비를 보탰다.

막내 시외삼촌과 형제처럼 지내던 시아주버니가 마흔 중반의 나이에 지병으로 세상을 떠났다. 막내 외삼촌은 맏자식 잃은 누이 가까이 살면서 위로하고 빈자리를 대신했다. 그 동생의 몫으로 옥양목 두루마기 한 벌 해 놓으신 데는 당신의 마지막 가는 길을 잘 돌봐달라는 부탁이자 앞질러 간 장남을 대신하여 곁을 지켜 준 데 대한 어머니 나름의 보은이 아니었을까.

그런 막내 시외삼촌이 지난해 돌아가셨다. 영정 사진으

로나마 마지막으로 동생 얼굴 보시라고 빈소에 모시고 갔다. 사진을 보시는 어머니 표정에는 아무런 기억도, 슬픔도 없다. 산다는 의미와 존엄을 잃어버린 어머니를 보는 일은 억장이 무너지는 괴로움이다. 그토록 정갈하시고 부지런하시던 어머니가 한 평도 안 되는 침상에서 해가 돋는지 저무는지도 모르는 채 하루하루를 버티고 계신다. 어머니가 갓길에 엉거주춤 계시는 동안 흰 옥양목 두루마기 입고 당신 초상 치러 주리라 믿었던 막냇동생은 맏누이를 앞질러 먼 길을 떠났다. 막냇동생뿐 아니라 큰동생 그리고 손아래 올케와 제부도 앞질러 갔다.

이제 어머니도 갓길에서 벗어나 주행의 흐름에 맞추길 바라는 마음이다. 부모님이 가신대도 막아서야 하는 것이 자식이라면 그런 생각을 하는 나는 불효막심한 패륜이다.

'어머니! 갓길은 비켜서서 잠시 머무르는 곳이지, 길게 주차하는 곳이 아닙니다. 갓길에서 어머니를 앞지르기하는 참척 그만 보시고 인제 그만 주행선에 들어서시지요.'

빈껍데기가 다 된 어머니는 이런 내 속마음을 아실까. 오히려 눈치를 채지 못 하시니 다행이다.   (2016.)

지안재 굽잇길 넘고 섬진강 모랫길 걷고

  시월 중순까지만 해도 한낮 햇살에는 열기가 있었다. 며칠 사이 더구나 새벽녘 살짝 내린 비로 나들이하기 맞춤인 날씨다. 해마다 하는 말이지만 우리 수필문학회는 택일의 귀재다. 오늘을 위해 며칠 전 거제에 내려와 기다리셨던 문우도, 직장을 하루 공치고 참가한 문우도 이른 시간이건만 속속 버스에 오른다.

  거제대교를 넘어 지리산자락 함양과 하동으로 간다. 먼 산 위에 단풍이 불그레할 뿐 단풍놀이를 겸하기에 이른 감이 있다. 함양은 주홍빛으로 물들어 있다. 가로수도 감이 주렁주렁 열렸고, 집집마다 뒤란에 감나무 없는 집이 없다. 길가 천막 노점에도 온통 감이다. 첫 번째 행선지는 마천면 벽송사와 서암정사다.

확실한 기록은 남아 있지 않지만 고려 초 창건된 것으로 전해지는 벽송사는 '푸른 소나무' 절 이름과 달리 6·25 전쟁 때 치열한 전투와 빨치산 토벌 당시 피비린내 나던 곳이다. 산불이 절까지 번진 적이 있었는데 그 화재로 절의 잡귀 출입을 막는 목장승이 소실될 뻔했다고 한다. 한쪽 머리 부분만 불타 없어지고 남은 목장승은 누각을 지어 보존하고 있다. 과거에는 아픈 상처로 얼룩졌어도 우리가 찾은 가을날의 산사는 고요하기 그지없다. 원통전 뒤 석축 쌓는 인부들의 부지런한 움직임만 있을 뿐이고, 인기척이 없다. 절 마당 가의 단풍 드는 담쟁이가 쓸쓸히 가을 햇볕을 쬐고 있다. 원통전 뒤 도인송과 미인송을 보러 오르는 언덕에는 빈 밤송이가 산길을 덮었다. 알밤을 보듬고 야무지게 영글게 해서 중생에게 보시하고 난 잔해가 발에 밟힌다. 빈 밤송이가 윤회를 알라마는 길에서 밟히지 말고 거름되어 다시 밤 살찌우라고 밤송이를 툭툭 차서 나무 밑에 모았다.

오도재를 넘어 함양 읍내로 나왔다. 함양읍에서 점심을

먹고 난 후 함양의 향인들이 자랑삼는 상림공원을 둘러보고 싶은데 한 시간은 족히 걸릴 것 같아 아쉽지만 발길을 돌렸다. 아직 남은 일정으로 갈 길이 멀다. 서둘러 오도재를 다시 넘는다. 지리산에서 함양으로 넘어가는 가장 가까운 고갯길을 오도재라고 하고 구불구불 굽이진 길을 지안재라고 한다. '한국의 100대 아름다운 길'에 선정된 길을 달리고 있다. 가파른 재를 완만하게 오르자니 지그재그로 오름을 탄다. 오도재 정상에 오르니 사방 산 능선이 겹겹이 둘러쳐 있고 멀리 지리산 천왕봉이 보인다. 천왕봉을 멀리서 보기만 하고 훗날 채비 갖추어 다시 오마 기약하지만 내 다리가 협조해줄지 의문이다.

    지리산 문학관을 찾아가는 길이다. 내비게이션은 근처에 있다고 알려주는데 표지판도 문학관도 보이지 않는다. 잡목에 가려진 표지판을 겨우 찾아 올라가니 이미 문 닫은 지 오래된 듯하다. 허름한 입구를 순둥이 백구 가족이 지키고 있다. 다행히 문학관 문은 잠겨있지 않아서 들어가 둘러볼 수 있었다. 먼지 뽀얗게 덮인 책 한 권을 펼쳐보았다. 돌보지 않는 문학관의 신산스러움이 그곳에 있다.

화개장터에 들렀다. 나부터도 시간 가는 줄 모르는 게 장 구경이라 시간을 정하여 그 시간까지 안 오는 사람은 두고 간다고 엄포를 놓았다. 강 건너 구례에서 나룻배 타고 오고 하동에서는 달구지 타고 화개장 오는 건 옛말이라 해도 시골 장의 정감 있는 볼거리는 있을 줄 알았다. 하지만 화개장터는 오가는 관광객 상대하고 수입산 농산물이 넘쳐나는 상점가일 뿐이었다. 버스에 올라 장에서 산 뻥튀기 과즐 봉지를 끌어안고 너도나도 와작와작 씹었다.

박경리 소설 『토지』의 고향 악양면 평사리 섬진강 가에 차를 세웠다. 늦가을 짧은 해가 기울고 있는 섬진강 모래밭으로 내려갔다. 바다를 옆에 끼고 사는 우리들이지만 흐르는 강물에 띄워 보낼 마음의 응어리는 따로 있었나 보다. 어둠이 내리는 섬진강 모래밭에서 제 나름의 추억을, 혹은 시름을 풀고 있다. 어떤 이는 팔짝팔짝 뛰고, 누구는 피사체가 되어 포즈를 잡고 또 누구는 나란히 앉은 문우의 뒷모습에 카메라 초점을 맞췄다. 모래밭에 낙서하는 이도 있다. 수필 초안을 잡고 있는 걸까. 모래밭 가에 갈대가 제멋대로 우거져 있는 걸 보며 누군가 입에서 가늘게 노랫가락이 흘러나온다.

  사나이 우는 마음을 그 누가 아랴
  바람에 흔들리는 갈대의 순정
  사랑에 약한 것이…

 모래밭에 주저앉았던 몇몇마저 모래를 털고 일어나며 노랫소리가 커진다.

  말없이 보낸 여인이 눈물을 아랴
  가슴을 파고드는 갈대의 순정

 우리의 노랫소리가 어둠이 내려앉는 섬진강 물결 속에 흘러간다. 떠나기 아쉬워하는 여심들을 겨우 버스에 태워 거제로 향했다. 보름이 막 지난 열엿새 달이 자꾸 우리를 따라온다. 왼쪽 차창 쪽으로 따라 오더니 어느결에 여우가 재주넘듯 반대쪽 창으로 건너와 버스 안을 들여다본다. 섬진강 달은 거제도까지 우리를 따라왔다. 집에 돌아오니 한 발 먼저 온 달이 마당에서 나를 맞이한다.

(2021.)

결

거친 듯하면서도 매끄럽다. 살갗에 닿는 감촉이나 손으로 움켜쥐어 만져본 촉감이나 짜임새로는 삼베가 비단을 따라갈 수 없다. 여름에는 삼베가 좋고, 겨울에는 비단이 좋으니 매끄럽고 거친 것에 차등을 둘 일만은 아니다.

장마 들기 전 해야 할 일이다. 지난해 여름이 갈 무렵 풀기 빼고 좀 슬지 않도록 신문지에 싸서 개어 두었던 삼베 홑이불과 베갯잇을 꺼내어 풀을 먹인다. 눅눅할 때 걷어 솔기를 펴고 반듯하게 개어 밟는다. 예전 같으면 다듬이질을 했겠지만 밟는 것으로 다듬이질을 대신한다. 한쪽이 늘어지거나 울지 않도록 솔기와 네 귀퉁이를 모아 잡고 당기는 일에는 남편도 돕는다. 널었다가 걷어서 밟기를 두세 번 한 후 다림질한다. 거칠던 삼베는 풀 먹여 밟고, 다림질하는 사이 결이 매끈해진다.

내 어릴 적엔 홑청에 풀을 먹여 여름 홑이불로 덮었던 기억이 있다. 옥양목이나 광목이었다. 겨울철 솜이불 홑청으로는 풀을 안 먹여도 되고 손질하기 쉬운 포플린을 쓰기도 했지만, 여름 홑이불만은 여전히 광목이나 옥양목에 풀을 하여 매만지셨다. 그런 일에 어머니는 맏딸은 제쳐놓고 둘째인 나를 불러 홑청의 두 귀퉁이를 꼭 잡으라 하시고는 힘껏 당기셨다. 어느 때는 힘이 달려 어머니가 잡아당기면 끌려가기도 했고, 잡고 있던 홑청의 귀퉁이를 놓치기도 했는데 아이의 힘에 부치는 일인 줄 아는 까닭에 나무라지는 않으셨다. 네 귀퉁이를 잘 맞추고 나면 적당한 폭으로 나누어 접는데 눈대중이 딱 맞으면 서로 마음이 맞는 거라고 아주 좋아하셨다. 그 말이 맞는 말인지 친정어머니는 돌아가실 때까지 딸 셋 중에 나를 가장 임의롭게 여기셨다. 어머니는 여러 자식 중에서 특히 나와 마음결이 맞았나 보다.

결혼한 그해 여름, 시가에 갔을 때 시어머니는 잘 손질

해 놓은 삼베 이불을 덮으라고 내어 주셨다. 누런 삼베 홑이불이 첫눈에는 낯설고 거부감마저 들었지만, 며칠 덮어보니 몸에 붙지 않아 시원하고 통풍이 잘되어 맘에 들었다. 그때는 차마 삼베 홑이불 탐난다는 말을 하지 못했다. 나중에 내가 삼베 홑이불 탐내는 걸 안 어머니가 두 장을 새로 만들어 주셨다. 그 후에도 여름에 시가에 갈 때마다 어머니가 주셔서 삼베 이불이 여러 벌 있다. 시외가에서는 삼농사를 많이 하셨다고 한다. 그때 장만해 놓으신 것이라고 하니 육,칠십 년 된 것들이다. 지금 삼밭은 다 없어졌지만 시외가 이웃 동네 삼밭골이 마전(麻田)이라는 지명으로 남아 있다.

몇 년 전 어머니가 아무도 모르게 삼베 한 필을 주셨다. 빳빳하게 손질하여 두루마리처럼 말려 있었다. "쟤들은 줘도 좋은 줄 모르는데 너는 귀하게 여기고 요긴하게 잘 쓰니 주고 싶다." 어머니는 그때 치매 초기였지만 그 말씀을 하며 주실 때는 정신이 맑으셨다. 삼베 두루마리를 가끔씩 꺼내어 그 감촉과 결을 느끼고 다시 넣어두기만 할 뿐 어떻게 쓰겠다는 작정은 없었다. 당신이 먼 길

갈 때 입으실 수의는 어머니가 손수 미리 마련해 놓으셨으니 여름 이불이나 베갯잇 외의 쓰임새는 생각할 수 없다.

나이 먹어가며 사람을 사귀는 일이 힘들고, 마음 소통이 더디다. 한두 번 만난 사이에도 금방 연락처를 주고받고 가로세로 서열 정리하여 언니 동생이 되거나 친구가 되어 십년지기처럼 스스럼없이 지내는 사람들이 있는데 나는 그렇지 못하다. 쉽게 다가서지 못하고 뜸을 들인다. 아마 사람의 결을 보며 가다 서다 하며 망설이고 있는 게다.

오랫동안 이어 온 동문 모임이 있다. 정기적인 모임에서 만나면 서로 선물을 주고받는 즐거움이 있다. 외국 여행 중에 산 기념품, 향기 나는 수제 비누, 한지 공예 손거울, 양초, 떡, 과일, 양말, 속옷. 준비해서 가지고 간 여벌 가방으로 가득이다. 나는 무엇을 준비할까 궁리하다가 어머니가 주신 삼베를 꺼냈다. 귀하다고 마냥 지녀 두는 것보다 나누어 쓰기로 마음먹고 가위질을 했다. 보자기 길이만큼씩 잘라 솔기를 감침질했다. 용도는 각자 알아서 쓸 것이다. 누군가는 찜솥 보자기로 쓸 것이고, 어떤 이는 만두소나 오이지를 짜는 보자기로 쓰기도 하겠지. 어쩌면 더 귀한 쓰임일 수도 있을 것이다. "이런 삼베는 한 필에 삼백만 원 하는데 조각내어 아깝다."고 누군가 말했다. 이미 다 잘라서 나눠주고 난 뒤였다. 비록 거칠다는 삼베를 나눠 가졌지만 주는 마음은 결 고왔다고 스스로 다독였다.

요즘 품질 좋은 국산 삼베는 보기조차 힘들다 하니 흔한 실크에 견주겠는가. 삼베 한 필에 삼백만 원 한다는 말도 괜한 말은 아닐 성싶다. 손으로 움켜쥐어 만져본 촉감이나 짜임새로는 삼베가 비단을 따라갈 수 없지만 비단 쓸 일 따로, 삼베 쓸 일 따로 있으니 다 제 몫을 한다. 그것이 결이다.

결은 생겨날 때 자연스럽게 만들어진다. 기술이나 오랫동안 반복으로 결을 바꿔놓기도 하지만 세상일은 결대로 할 때 가장 자연스럽고 힘이 덜 든다.

(2016.)

텃세

팔자도 좋다. 끼니 걱정이 있길 한가, 잠자리 걱정이 있길 한가. 양지쪽에 제 편할 대로 자리 잡고 망중한이다. 놈들은 이 집 울안에서 경계할 게 없다는 걸 안다. 집 앞에 매여 있는 진돗개 엄지가 울안 식구에게는 절대 해코지하지 않는다는 걸 알지만 제 나름대로 안전거리는 두고 지낸다. 동물의 세계에서도 적정한 거리와 관계를 유지하는 것이 상생의 방법임을 안다. 사람에게 살아온 문화와 습관, 향토적 기질이 있듯이 개나 고양이에게도 그 나름의 습성이 있다. 사람과 동물, 동물과 동물이 서로 그걸 이해하고 길들여지는데 시간이 필요할 뿐이다.

어느 날 떠돌이 고양이 한 마리가 울안에 들어와 기웃

거렸다. 사람을 보면 겁을 먹고 달아나는 게 떠돌이의 본능인데 고양이는 할 말이 있는 듯 빤히 쳐다본다. 먹이를 나무 그늘에 놓아주면 살그머니 와서 먹고 어디론가 가버린다. 오는 횟수가 잦아졌다. 녀석의 배가 불러 오는 것을 알고 안심할 만한 곳에 몸 풀 자리를 마련해 주었다. 동가식 서가숙 떠돌이 형편이지만 내가 만들어 준 산실이 미덥지 않은지 거들떠보지 않는다. 나중에 생각해 보니 지척에서 개가 짖으니까 새끼를 낳아 키우는데 마음 놓이지 않았던 듯하다.

  이틀간 안 보이더니 무거운 배가 홀쭉해져서 나타났다. 북엇국을 끓여주고 돼지 뼈를 사다가 고아 주며 오뉴월 염천에 고양이 어미 산 구완을 했다. 제 알아서 키우도록 어디에 새끼를 낳아 숨겨 놓았는지 캐묻지 않았다. 새끼 세 마리가 아장아장 걷고 장난칠 무렵 우리 집에 데리고 왔다. 새끼는 아직 어미젖에 매달렸고 품에 보듬고 잤다. 새끼들에게 도, 레, 미라고 이름을 지어주었다. 새끼 세 마리를 살뜰히 키우는 고양이 어미가 대견했다. 태어난 지 석 달쯤 되었을 때 '도'가 가출을 했고 그 후 돌아오지 않았다. 어미는 제 싫다고 나간 놈에게는 미련이 없는지 두 녀석만 데리고 잘 논다. 그동안 잘 먹고 잘 놀던 '레'가 갑자기 다리를 쭉 뻗은 채 무지개다리를 건너갔다. 그날 어미는 '미'를 꼭 끌어안고 제집에서 나오지 않았다. 먹지도 놀지도 않는다. 억장 무너지는 참척의 슬픔을 억누르고 있는 걸까, 하나 남은 새끼마저 잃을까 전전긍긍하는 것일까. 세월이 약이라는 말은 고양이에게도 듣는 처방이었다. 고양이 모자는 일상으로 돌아와 서로 의지하며 그해를 보냈다. 고양이 가족이 더 늘어나면 사람이 감당하기 어려울 것 같아 어미 고양이를 중성화 수술시켰다.

   어느 날 낯선 떠돌이 고양이 한 마리가 들어와 '미' 일가의 밥그릇을 넘보았다. 고양이 모자가 괴성을 내며 저항하자 떠돌이는 줄행랑을 쳤다. 제 영역이니 범접하지 말라는 뜻인 것 같다. '저 녀석 봐라. 저도 떠돌이였던 녀석이 이제는 주인행세를 하네.' 영역 동물의 본능이지만 기득권 세력이 되어 텃세를 부리는 것이 잘못된 인간의 모습을 보는 것 같아 씁쓸했다.

남편은 삼십여 년 전 고향 거제도에 다랑논 세 마지기를 사며 훗날 은퇴하면 그곳에 집을 짓고 살자고 했다. 막연하게 먼 훗날 이야기이기도 하고 늘그막에는 조용한 포구마을에서 한가로이 지내는 것도 좋겠다는 생각에 선뜻 그러자고 했다. 그 농네에 사시는 친척 어른에게 관리를 맡겼다. 구입할 때는 논이었으나 쌀농사가 대접을 못 받게 되자 밭으로 일군다는 말을 우리가 외국에 살고 있을 때 들었다. 땅 주인 대신 농사짓던 그 어른이 돌아가시자 묵정밭이 되어 잡초 우거진 채 들짐승 날짐승의 보금자리가 되었다.

십여 년 만에 귀국했다. 일본 가기 전에 살던 서울 집을 두고 오래전 약속한 대로 남편의 고향인 거제도로 왔다. 태생지이긴 해도 어릴 때 도시로 떠나 방학이면 거제도 외가에 다니러 왔을 뿐 어린 시절을 같이 보낸 동년배 친구나 학연이 있는 것은 아니다. 귀향이라기보다 귀촌이라는 편이 옳을 것 같다. 훗날 집 짓고 살자던 산뻐알*에 집터를 닦기 시작했다. 중장비 소리에 놀란 꿩, 산비둘기, 고라니가 자리를 떴다. 지난밤까지 고라니가 자고 간 듯이 마른 풀이 동그랗게 누워있고 새집 안에는 보드라운 깃털이 남아 있었다. 야생의 미물들은 그 어느 것도 기득권을 들먹이며 떼쓰지 않고 순순히 자리를 내주었다.

집을 지을 때 동네 어른들이 중장비나 자재 차량이 지나다녀 시끄럽다느니 도로가 더럽혀진다느니 몇 차례 항의를 해왔다. 오랜 세월 동네를 지키고 가꾸며 살아온 주민들이 애향심에서 그러려니 생각하고 그들의 요구사항을 해결했다. 어느덧 이곳에 터 잡고 산 지 십 년이 되어간다. 살아가면서 그동안 겪은 여러 일들을 곰곰이 떠올려 보면 그건 애향심을 명분 삼은 토착민들의 텃세였다. 토박이 노인들은 도시에서 전원생활을 하러 들어온 젊은이들을 홋두루 뜨내기라고 불렀다. 토박이는 뜨내기 집이 한 집 두 집 지어질 때는 텃세를 부렸다. 몇 해 전 마을 한쪽에 오백 세대 고층아파트가 들어섰다. 뜨내기 숫자가 토박이 숫자보다 훨씬 많아졌다. 이제 토박이의 텃세가 통하지도 않을뿐더러 뜨내기와 힘겨루기를 할 수도 없다. 서로 적정거리를 두고 데면데면 살 뿐이다. 상생하려다가 충돌을 겪느니 각자 생존 방식의 도시화가 되어 간다.

(2020.)

*산삐알 : 산 아래 완만한 경사지를 일컫는 경상도 방언.

오직 한 톨 씨앗을

'이건 사는 게(生) 아니야. 이건 사는 게 아니야.'

내 나름의 비명이었다. 머리 희끗희끗한 여의사는 벅벅 소리라도 지르면서 힘을 주라고 하지만 나는 아무 말도 생각나지 않았다. 괜히 악을 썼다가는 나중에 부끄러울 것 같다는 계산이 있던 걸 보면 인사불성은 아니었던 것 같다. 산고의 비명치고는 가히 철학적이었다. 분만실로 실려 들어간 후 친정어머니가 분만실 문틈에 귀를 대고 있어도 한참 동안 아무런 기척이 없어 '외손주 보려다 딸 잡았는가 보다.' 하고 주저앉고 싶을 무렵 아기 울음소리가 났다고 한다. 외동은 저도 외롭거니와 성격도 이기적이라 못 쓴다고 사람마다 그랬지만 둘 낳고 셋 낳는다는 건 생각조차 하지 못했다.

　외동자식이라면 남들은 금이야 옥이야 불면 날아갈세라 쥐면 꺼질세라 받들어 모시며 키웠겠지만, 아들아이는 야무지게 홀로서기 단련하듯 애머슴처럼 자랐다. 전화로 신청해 놓은 민원서류를 동사무소에 가서 찾아오는 건 초등학교 들어가면서부터 제가 해야 하는 걸로 알았고, 혼자 병원도 가고, 안경다리가 부러져도 당연히 혼자 안경점에 들고 가서 고쳐 왔다. 아빠가 출장 가면 문단속도 제 할 몫으로 알고, 아빠 안 계시면 반찬도 청소도 대충한다고 나를 닦달하기도 했다.

　아들이 초등 4학년 겨울 방학 때 모 어린이 재단에서 주최하는 국토종단 걷기를 보름 동안 다녀왔다. 서울에 도착하여 여의도에서 해단식을 하니까 부모님들 마중 오라고 해서 갔다. 길 위에서 열닷새, 추위에 얼고 눈에 타서 상거지 꼴이 되었어도 마지막 힘을 다해 노래까지 불러가며 깃발 들고 줄지어 오는데 코끝이 시큰했다. 녀석도 집과 부모가 어지간히 그리웠던 듯하다. 해남 땅끝마을을 출발하여 사흘째 되는 날, 눈밭에 발이 푹푹 빠지는 길을 걸으며 '엄마들은 아들 고생시키는 걸 재미로 아는가 보다.' 생각했다고 한다. 어른이 된 아이에게 국토종단 걷기에 참가했던 일을 물어보았다. 좋은 경험이긴 한데 초등 4학년생이 하기에는 버거웠다고 한다. 실은 그때 신청자는 초등 6학년과 중1이 많았고, 초등 4학년은 둘뿐이긴 했다. 내가 아들을 과대평가했었나.

아이가 초등 저학년 때부터 검도를 배웠다. 언젠가 부모님들 와서 대견한 자식들 모습 보라고 해서 갔다. 검정 도복에 호구를 쓰고 대련하는 모습이 대견했다. 부모님 중에 목검으로 촛불 끄기 해 보실 분 나오라는 말에 내가 살그머니 일어났다. 아이들 하는 거 보니 금방 꺼질 것 같고 재밌어 보였다. 촛불은 건드리지 말고 목검을 위에서 내리쳐 그 바람으로 불을 꺼야 하는데 생각처럼 잘 안 되었다. 열을 세도 안 꺼지고 스물을 세도 안 꺼져서 입으로 불어서 끄고 들어오는데 민망했다. 아들은 아예 고개 돌리고 못 본 척하고 있었다.

"엄마는 아들 쪽팔리게 하는 게 그렇게 재밌어요?"

고등학교 1학년 여름방학 때. 민간인이 포항 해병대 훈련소에 입소하여 일주일간 훈련받는 프로를 일본 TV에서도 소개하기에 본 적이 있다. 고생은 되겠지만 의미가 있을 것 같았다. "아들아, 너 한국에 가고 싶지? 재미있을 거 같으니 같이 가자." 했더니 단박에 이젠 안 속는다고 한다. 재밌어 보이면 혼자 가라고 하지만 신청해 놓으면 제가 안 가고 배길까 싶어서 신청하렸더니 벌써 마감했다고 한다. 대단히 인기 있는 프로그램이었다는데 기회를 놓쳐 아까웠다. 그 다음 해 여름방학에 하려고 별렀지만, 사람의 일이 계획대로 다 되지는 않았다.

아들 나이 만 스무 살이 되면 독립하여 살기로 했다. 아이의 희망이기도 하고 부모도 아이가 혼자 사는 것을 가까운 거리에서 지켜보는 기회도 필요할 것 같았다. 학교 가까이에 작은 아파트를 하나 얻어 주었다. 작지만 호텔 같은 아파트가 학생의 신분으로는 좀 과하지만 내가 맘 편히 살자면 아이의 주거환경도 쾌적할 필요가 있다. 과감히 일 년치 사용료 150만 엔을 일시불로 지불하고 신학기(4월초)에 맞추어 이사를 했다. 학년 올라가며 공부할 것이 만만찮게 많은데 해 먹고, 옷 세탁이며 청소, 아르바이트해서 용돈도 벌어야 하니 고생은 되겠지만 그것도 제가 선택한 세상살이다. "엄마, 내가 다녀간 후 새로 사 놓은 샴푸가 통째로 없어졌다든지 참기름병이 없어졌으면 가난한 고학생 후원한 셈 치고 애쓰고 찾지 마세요."

부모인 우린 언젠가 한국으로 돌아가겠지만, 그 아이는 이 나라에 남을 가능성이 크다. '조센징 조센징' 부르며 노골적으로 무시하고 짓밟던 시절은 갔다 하더라도 보이게 안 보이게 층하를 두고 불이익이 있는 건 누구나 겪는 일이다. 그 나라 사람들보다 잘 해도 다수 자국민의 힘에 떠밀려 묻어가야 할 때가 많다는 것도 외국에 살아본 사람은 안다. 그럴 때 상처받지 않고 꿋꿋하게 제 길을 잘 가기 위해 모질게 담금질을 한다. 부모 된 맘이 아리긴 해도.

초등학생 때 한국을 떠나 온 뒤 여기서 제 또래의 한국인을 만나 본 적도 없고 사귀어 볼 기회도 없었다. 앞으로 제 맘에 드는 일본 여자를 아내로 맞을지도 모른다. 국민 정서나 성장문화도 간과할 게 아니라고 누누이 말해 두지만, 막상 제가 선택하고 결정하면 구태의연한 이유를 들어 되니 안 되니 가로막을 명분이 없다는 것은 각오하고 있다.

  누구나 꿈꾸는 대로 살아지면 좋으련만 세상이 어디 그렇게 녹록하던가. 나는 아들아이가 아침이면 싱글거리는 얼굴로 씩씩하게 세상에 나가 인간을 중히 여기는 마음으로 한 사람 몫 충실히 하는 갑남(甲男)으로 살기를 바라고 있다. 그러면 내가 오직 한 톨 씨앗을 세상에 떨군 보람이 있지 않을까. 거기가 내 조국이든 타국 땅이든.

(2009.)

해당화

 머뭇거리기만 하고 말을 못 한다. 꺾꽂이할 가장귀 하나 얻고 싶어서 그 집 앞을 지날 때마다 열린 대문으로 안마당을 기웃거린다. 올봄에도 때를 놓칠 성싶다. 그 집 안마당에는 봄부터 연이어 꽃이 핀다. 이른 봄 수선화가 피었다 지고 나면 튤립이 피고, 영산홍이 질 무렵 철쭉이 흐드러진다. 늦봄 덩굴장미가 피었다 지고 난 뒤 낮은 담장 한쪽에 해당화가 피는 걸 몇 해 전부터 눈여겨보았다. 올해도 훔쳐보는 것으로 끝인가 보다.
 해당화 한 그루 심고 싶다는 말에 남편은 가시가 많아서 마당에 심기에 적당치 않다고 일축했다. 그 말이 틀린 말은 아니다. 내가 해당화 한 그루 심고 싶은 아주 오래된 기억을 남편이 알 리 만무하다.

이태 전 칠월 일본 북단 와카나이와 그 주위 섬 레분도와 이시리도를 여행했다. 북위 45도와 46도 사이에 걸려 있는 와카나이 구릉지에는 해당화가 무리 지어 피어있다. 오호츠크해에서 불어오는 차갑고 거센 바람 탓에 키가 크지 못하고 서로 엉켜 자란다. 바람이 사정없이 흔들어대도 해당화 홑꽃잎은 파르르 떨기만 할 뿐 떨어지지는 않는다. 오랜 세월 그 환경에 놓이면 감당하면서 살게 되는 모양이다. 그곳 토산품 코너에서 해당화 씨앗 한 봉지를 샀다. 마당 한쪽에 심었으나 싹 틔우지 못했다. 잘 키워 꽃 피면 와카나이에서 거제도에 건너온 아름다운 이야기 하나 그려 보려던 꿈은 이루지 못했다.

나는 해당화 한 그루 심는 꿈을 버리지 않고 있다. 하고 많은 꽃 중에 유별나게 해당화를 좋아하거나 꽃과 나무 가꾸는 일에 소질이 있는 것도 아니다. 해당화 한 그루 심을 땅이 이 나이 되어서 마련된 것도 아니다. 아버지 마음과 형편을 이해하는 나이가 된 것뿐이다. 열여섯 살 먹던 해 기억이 두고두고 회한으로 남아 언젠가 이루고 싶은 버킷리스트의 한가지였다. 그때 아버지의 연세보다 지금 내 나이가 훨씬 많다.

고등학교 입학하고 한 달 후 식목일이다. 학교에서는 해마다 식목일에 나무 심기 행사를 한다. 운동장과 이웃 학교 경계 언덕에 심는다. 학교에서 준비하는 묘목 외에도 개인적으로 묘목을 가져 와 기념식수를 하기도 한다. 학교에 기념식수 하고 싶다고 아버지에게 말씀드렸다. 아버지는 식목일 아침, 우리 집에 있는 해당화 나무 밑동에서 포기가름을 해서 가지는 짤막하게 잘라내고 신문에 둘둘 말아 주셨다. 우리 집 마당에는 돌배나무, 흰 철쭉, 장미도 서너 그루 있었는데 하필 가시 막대기 같은 해당화 나무를 주시는지 불만스러웠다. 차마 아버지에게 투정을 부리지 못하고 가지고 갔다.

그 당시는 고교 입시가 있던 때였다. 내가 입학한 학교는 전국에서 우수한 학생들이 모이는 당시 일류 고교다. 신입생의 기념식수는 선민의식의 표현이며 자긍심을 심어 주는데 큰 의미를 두었다. 신입생 모두가 묘목을 가져와야 하는 것은 아니다. 묘목은 대부분 화원에서 사 온 관

상수다. 뿌리 쪽을 동그스름하게 새끼줄로 감았거나 마포로 싸여 있다. 신문으로 둘둘 말아 노끈으로 질끈 묶은 나의 해당화와는 겉보기부터 차이가 났다. 안 가지고 온 애들도 많은데 괜히 가져왔다고 후회했다.

언덕 끄트머리에 큰 그네가 있고 이웃 학교와 경계 담장이 있다. 그 후미진 곳에 구덩이를 파고 심었다. 심은 나무에 ○○○○년 ○○○ 기념식수라고 팻말을 박아 놓는데 나는 그것도 하지 않았다. 내가 심은 나무가 볼품없고 부끄러워서 나무 심기가 빨리 끝나기만 바랬다. 그리고 해당화를 심은 일조차 잊었다. 다음 해 유월, 우연히 그 근처에 갔다가 후미진 곳에 화사한 분홍빛 꽃이 핀 것을 발견했다. 다가가 보니 지난해 내가 심은 해당화였다. 그 척박한 곳에서 살아 있는 것만도 대견한데 두어 송이 꽃을 피우다니. 나는 가시는 아랑곳하지 않고 해당화 나무를 덥석 끌어안았다. 볼품없는 묘목을 주셨다고 아버지를 원망한 일, 심고 돌보기는커녕 잊고 있었던 일들이 눈물 나도록 미안했다. 생물 선생님을 모시고 가서 보여드리고 꽃이 진 후 옮겨 심은 곳이 교사 뒤편 화단 끝이다.

몇 년 후 학교에 가보았더니 해당화 둥치가 굵어지고 가지가 사방으로 뻗어있었다. 꽃이 피면 얼마나 화사할까 궁금하지만 나는 지금 너무 멀리 와 있다. 상상으로 떠올려 본다.

 다섯이나 되는 자식들을 차별 없이 섬세하게 이해하는 아버지가 열여섯 살 먹은 딸에게 짤막한 가시 막대기처럼 묘목을 해주신 까닭은 무엇일까? 장미나 철쭉에서 포기가름을 해주실 수도 있는데 굳이 해당화 나무를 주신 까닭도 궁금하다. 아버지에게 묻고 싶은데 이미 먼 길 가신 지 오래다. 내 나름대로 아버지의 마음을 헤아려 본다.

 해당화는 말이다. 까다롭지 않단다. 척박한 땅이나 바람에도 잘 견디지. 예전에는 해안가 마을의 방풍림으로 심었단다. 해당화는 한번 자지러지게 폈다가 지고 마는 것이 아니라 피고 지길 여러 번 하는구나. 잔가시가 있어서 아무나 함부로 대하지 않고 빨갛게 익은 열매는 사람 몸에 좋은 약성도 있으니 좀 좋으냐? 그리고 곁가지를 치고 짤막하게 묘목을 해준 것은 곁가지가 많으면 새로운 땅에 뿌리 내리기에 힘겹단다. 낯선 땅 적응하려면 제 몸집을 줄여야 하거든. 네가 세상 살아봐도 그렇지 않더냐?

(2018.)

# 잔칫날 유감

 어머님과 작은 시고모님을 모시고 부산 결혼식에 다녀왔다. 큰 시고모님의 손자 결혼식이다. 가는 차 안에서 두 분은 사뭇 들뜬 기분으로 이야기꽃을 피웠다. 늙은 우리들은 굳이 안 가도 되지만 이런 때라도 따라나서야 피붙이들 얼굴을 보고 살아가는 얘기를 듣는다고 하신다. 어머님과 고모님은 결혼식보다 친지들 만나는데 더 마음을 두는 듯하다.
 신랑의 할머니인 큰고모님은 치매를 앓아 요양병원에 계신다. 가족을 못 알아보는 정도는 아니지만 듣기 아연할 만한 엉뚱한 얘기를 하거나 일상적인 일마저 잊어버리는 횟수가 잦았다. 제 식구끼리 분가하여 사는 자식들은 혼자 지내시는 어머니가 늘 불안했다. 특별히 효자랄 것은 없어도 불효막심하지도 않은 아들딸들은 서로 눈치만 볼 뿐이었다. 자식들마다 이런저런 사정이 있어서 치매 어머니를 모시겠다고 선뜻 나서지 못했다. 큰고모님은 요양병원에 입원하셨다.

양가의 개혼(開婚)이어서 한여름 무더위에도 하객이 예식장을 가득 메웠다. 큰고모님은 딸에게 성화하여 예식장에 입고 갈 한복 한 벌을 병원에 가져다 놓고 그날을 손꼽아 기다린다는 이야기를 들었다. 그러나 식장에 큰고모님의 모습은 보이지 않았다.

두리번거리며 언니를 찾던 작은고모님이 서운해했다. 종종 모시고 나와 바람 쐬어 드리고, 식당에도 모시고 가는 정도니까 모시고 올만 한데 그러지 않은 모양이다. 혼주를 빼고도 자식이 넷이나 되는데 어머니를 한두 시간 책임지고 맡을 사람이 없어 안 모시고 왔느냐고 작은고모님이 조카딸을 불러 나무랐다. 집안 식구만 모이는 자리가 아니라서 안 오시면 좋겠다는 게 혼주의 뜻이니 어쩔 수 없었다고 한다. 못내 서운해하는 고모를 이번에는 어머니가 나지막한 목소리로 타이르셨다.

"젊은 애들 사정을 이해합시다. 괜히 늙은 우리가 토를 달고 참견을 하면 큰일 치르는 애들만 힘들어지니 아무 말 하지 말아요. 큰일 끝에 형제간 우애 상하게 할라."

나 역시 집안의 어른인 큰고모님 안 계신 잔치 분위기가 허전하여 서운한 마음이었다. 결혼식은 양가의 인륜지대사이니 일일이 챙기기가 어려운 일인 줄은 안다. 이제 막 사돈으로 맺은 집안 대소가의 이목이 있어서 치매 할머니의 참석이 꺼려지는 것도 이해할 수 있다. 인사불성에 거동조차 못 하는 형편이 아닌데 가족 모두 모이는 잔치에서 소외되어야 하는 노년의 병이 마음을 무겁게 눌렀다. 어머니는 많은 자식을 긴긴 세월 먹이고, 입히고, 가르치며 아플 때나 성할 때나 돌봤지만 여러 자식은 어머니 한 분을 단 몇 시간이나마 보살피기 어려운가 보다.

일찌감치 치마저고리 단정하게 차려입고 계실 큰고모님의 모습이 눈에 선하다. 총명하던 정신은 희미해졌지만 행여 바쁜 자식을 기다리게 할세라 미리 채비하고 계실 텐데 자식은 목이 빠지게 기다리는 어머니 마음을 모른

체했다.

큰고모님은 그날 얼마나 긴 하루를 보내셨을까. 성격이 급하고 괄괄하여 젊어서는 여장부 소리를 들으신 고모님이다. 하지만 이제는 자식을 나무랄 줄도, 서운해 할 줄도 모르고 그저 자식을 바라만 보신다. 진종일 하염없이 기다리던 고모님은 해가 지고 어둑어둑해서야 잔치에 가려고 차려 입은 치마저고리의 고름을 맥없이 푸셨을 게다.

나는 그와 같은 형편이 되면 어떻게 할까. 며느리 된 입장이든 딸의 입장에서든 아무것도 장담할 수 없다.

(2014.)

녹명(鹿鳴)

 어스름한 저녁, 뒷산에서 고라니가 운다. 짝을 찾는 소리일까. 새끼를 잃어서 부르는 걸까. 친구를 불러 모으는 소리일지도 모른다. 개가 고라니를 물어 죽인 날도, 풀을 깎다가 새끼 고라니를 발견하여 데려온 날도 뒷산 고라니가 저렇게 울었다. 고라니는 지구상에서 한국과 중국 일부 지방에만 사는 멸종 위기의 사슴과 동물이다. 뿔이 없을 뿐 생김새와 습성은 사슴을 닮았다. 쫑긋 세운 귀와 동그란 눈을 가진 귀여운 생김새답지 않게 우는 소리는 괴이하다. 울음의 의미를 사람이 못 알아들을 뿐 그들 나름대로 소통하는 언어일 게다.
 몇 해 전 늦은 봄날, 남편이 유자나무밭에서 풀을 깎다가 새끼 고라니 한 마리를 발견하여 데리고 왔다. 가느다란 네 다리로 간신히 몸을 일으키고 휘청거리며 한 발씩 떼는 것으로 보아 태어난 지 얼마 되지 않은 듯했다. 며칠간 길러서 보내자거니 어미가 찾으러 올 테니 얼른 그 자리에 데려다 놓자거니 옥신각신하다가 내가 졌다. 우유병과 신생아 분유를 사 오고 박스로 보금자리를 만들어 주었지만 야생의 본능 때문인지 포근한 자리를 마다하고 맨바닥에 웅크리고 있다.

  고라니는 사람을 공격하지는 않아도 농작물을 망치기 때문에 유해 조수로 포획을 허가하고 있다. 농사에는 성가신 존재지만 어미 떨어진 새끼는 가엽고 측은하다. 며칠 동안 데크 한쪽에 망을 치고 돌보았다. 어차피 야생으로 돌아가야 할 동물인데 사람 손에 길들여지면 안 되겠다는 생각이 들어 망을 열어 주었다. 어디론가 갔다가 배가 홀쭉해지면 언덕배기 호박넝쿨 속에 몸을 숨기고 얼굴을 내밀었다. 배고프면 찾아오던 횟수가 차차 줄더니 새끼 고라니의 발걸음도 어미 울음소리도 끊어졌다.

  집을 짓고 이사한 후 아침마다 개를 데리고 뒷산에 올

랐다. 오르는 길목에는 대나무밭이 있고 편백나무 숲이 있고 마을이 내려다보이는 양지바른 곳에 마을 묘지가 있다. 오래전에는 이 산길이 나무꾼의 길이고 만장 앞세운 상여가 오르던 길이었을 텐데 세월 따라 나무꾼도 상여도 볼 수 없다. 젊은이들은 명산을 찾아다니느라 외면하고 동네 노인들은 까꾸막길 오를 근력이 없으니 자연히 인적이 뜸하다. 나는 거기서 각시붓꽃을 처음 보았고, 가을이면 알밤을 두 주머니 불룩하게 주웠다.

삼 년 전 동네에 아파트 단지가 생기며 뒷산을 산책하는 사람이 늘었다. 몇 해 전까지만 해도 봄이면 두릅이며 산딸기가 많았는데 이젠 눈에 띄지 않는다. 가을 산길에 떨어진 알밤도 내가 주울 것은 남아 있지 않다. 미명에 산 한 바퀴를 돌고 온 이웃이 산길에서 주운 밤 예닐곱 알을 장독 뚜껑 위에 두고 갔다. 남보다 늦은 시간에 올라가는 내가 주울 밤이 없을 걸 알고 나누어 놓고 가는 것이다. 밤의 값어치보다 나누는 마음이 더 값지다.

오래전 책에서 읽은 글이 떠올랐다. 야생의 사슴은 산에서 맛있는 먹잇감을 발견하면 울음으로 친구들을 불러

같이 먹는다고 한다. 임금이 신하를 불러 연회를 베푸는 녹명지연이란 말의 기원도 거기에서 생겨났다. 귀하고 좋은 것을 보면 혼자서 차지하기도 하고 남이 알까봐 감춰 두었던 일들이 부끄럽다. 강자나 약한 미물에게는 관대하고 인정스러우면서 비슷한 처지의 사람에게는 너그럽지 못한 나 자신을 돌아본다.

새벽에 맛있는 먹잇감이 있다고 뒷산에서 사슴이 울었던가. 장독 뚜껑 위에 알밤 몇 알이 있다. 이웃이 베푼 녹명이다.

*까꾸막길 : 가파르게 경사진 길을 이르는 경상도 방언.

그해 겨울

　엄마는 민망함을 감추려고 웃음기 섞어 말씀하셨다. 시도 때도 없이 방귀가 나오니 아무리 허물없는 자식들 앞이라 해도 부끄럽다는 것이다. 어렵사리 말씀하셨을 터인데 나는 흘려들었다. 나뿐 아니라 다섯이나 되는 자식 아무도 귀담아듣지 않은 데에는 노인 어머니의 방귀를 망신을 살만한 허물로 여기지 않은 탓도 있다. 막내는, 나이 들면 괄약근이 약해져 그럴 거라고 제법 아는 척을 했다고 한다. 그때 우리 형제들은 모두 제 살기에 바쁘던 때였다. 연년생이다시피 터울이 없어서 자랄 때는 올망졸망 많은 것 같더니 어른이 되어서는 모두 한 자리에서 얼굴 보기조차 쉽지 않다. 친척 관혼상제에 참석한 때나 한둘의 얼굴을 볼까 말까 할 정도였다. 형제 둘은 외국에 나가 살고, 국내에 있는 형제들도 맞벌이하랴 제 살림하랴 콩 튀듯 팥 튀듯 동동거리는 처지였으니 말이다. 엄마는 어느 자식이 병원에 동행해줄 수 있으려나 며느리 눈치, 딸의 눈치 보다가 감기 걸린 것을 핑계 삼아 혼자 병원에 가셨다. 양력설 쇤 며칠 후였다.

내과 과장은 외국에 있는 큰사위의 친구였던 터라 임의롭다고 여기셨던지 또 방귀 타령을 하셨다. 변비가 생겼다는 이야기도 덧붙였다. 의사는 "노인성이지요 뭐." 가볍게 말하면서도 입원하여 검사받아보길 권했다. 오래 기다리지 않아 엄마 방귀와 변비의 원인이 드러났다.

엄마의 대장암은 그날 바로 국내외 자식들에게 알려졌다. '다행히 초기'라는 말을 덧붙여서 전하는 사람이나 듣는 사람의 충격을 줄였다. 수술하면 예후는 괜찮을 거라고 암을 진단한 의사가 설명했다. 그건 암을 단계별로 나눈 일반적인 소견일 뿐이다. 엄마의 연세와 허약한 체질 그리고 류머티즘 진통제인 스테로이드계 약 복용했던 것이 걱정되어 우리는 수술을 쉽게 결정하지 못했다. 하지만 수술 외에 다른 방법은 없었다.

  수술을 앞두고 몸 상태를 살피기 위해 입원하셨다. 6인 병실에서 암 수술 대기자인 엄마가 겉보기엔 가장 가벼운 환자라서 당장 위로는 되었지만, 병실의 환자들이 남의 일이라고 여겨지지는 않았다. 시한부 2개월 선고받은 신장암 환자, 간병인이 일일이 수발해야만 하루하루 사는 중증의 할머니, 코에 삽입된 호스로 유동식을 넣어 연명하는 중년 여자. 언제 귀가할지 막연한 환자들뿐이다. 그들이 귀가를 할 수는 있을까. 나는 갈 때마다 침상에 붙은 이름표가 다른 사람 이름으로 바뀌었는지 둘러보았다. 여명 끄트머리를 간신히 붙잡고 있긴 해도, 엄마가 그 병실에 있는 동안 명줄을 놓친 사람도 귀가한 사람도 없었다. 엄마 병실에서 그들을 보고 온 날이면 내 몸 어딘가에서도 병이 자라고 있는 게 아닐까 하는 불안감이 들었다.

  암은 진단한 대로 초기라서 암 부위의 대장을 잘라내고 잇는 수술은 순조롭게 끝났다고 한다. 항암치료는 안 해도 될 것 같은데 회복 후 천천히 결정해도 늦지 않다고 했다. 수술 환부가 잘 아물고 퇴원하여 일상으로 돌아가면 그동안 못한 효도를 원 없이 하려고 마음먹었다. 오 남매 모두 그런 옹골진 다짐을 했으리라 믿어 의심치 않았다.

한고비만 넘기면 되었는데 엄마의 폐렴은 좀처럼 호전되지 않았다. 암 수술까지 견뎌낸 엄마가 폐렴으로 휘청거리는 상황이 된 것이다. 고령의 환자가 큰 수술 후 폐렴이 오면 치료가 어렵고 위험하다는 걸 그때 알았다. 결국 기도 삽관을 해서 엄마는 목소리마저 잃었다. 중환자 집중치료실과 일반 병실을 두어 차례 옮겨 다니는 동안 엄마의 빈집을 지키는 매화나무는 꽃눈이 트고 낮 동안은 바람도 많이 보드라워졌다.

엄마는 지금의 상황을 예견하셨을까. 수술을 일주일 앞두고 입원해 있는 동안 우리 형제들에게 번갈아 하룻밤씩 곁에 있어 주기를 원하셨다. 내가 엄마 곁에서 하룻밤을 같이 한 그 밤, "나는 이제 거의 끝까지 온 것 같다."고 먼저 운을 떼셨다. 생애 한 바퀴를 돌아와 먼 곳으로 떠날 때가 되었다고 느끼시는 것 같았다. 나는 의사가 수술

하면 금세 회복된다고 했으니 조금만 참으면 된다고 엄마의 손을 꼭 잡았다. 그날 밤 엄마와 나는 소곤소곤 많은 이야기를 했는데 목소리를 더욱 낮추어 은밀하게 하신 이야기는 "지금 갖고 있는 주식은 말이다, 팔아서 네가 가져라. 네가 일러준 대로 해서 불린 돈이니 뭐라고 할 사람 아무도 없다." 그날 밤 엄마가 나에게 하고 싶은 이야기 중 가장 중요한 얘기인 듯 두 번 세 번 강조하셨다. 엄마 퇴원하시면 그 돈으로 다 같이 미국이나 가자고 나는 허풍을 떨었다.

마지막이 될지 모르는 기회, 엄마는 다섯 자식을 하룻밤씩 데리고 있으면서 꼭 해줄 이야기를 미리 마음속에 정리해 두셨던 것 같다. 자신의 죽음을 감지하고 미리 정리할 기회가 있다면 그것도 행복한 죽음이다. 엄마가 기도 삽관으로 목소리를 잃게 되리라고는 생각 못 하셨겠지만, 정신이 온전하고 기력을 잃기 전에 자식들 각자에게 하고 싶은 말과 때를 맞추어서 전하셨다. 그런 엄마의 염력을 우리는 두고두고 신기하게 여겼다.

천년만년 살 것처럼 창창하게 장래를 설계하다가 예기

치 못한 죽음을 맞는 안타까운 사람이 얼마나 많은가. 죽음이 목전에 있는데도 막상 본인은 인정하지 않아 마음을 내려놓지 못하고 허둥대다가 임종을 맞는 사람 또한 많을 것이다.

잦은 방귀의 원인을 밝히러 한겨울에 입원한 엄마는 팔십구일 만에 집으로 돌아오셨다. 장남인 오빠가 엄마 곁에서 하룻밤을 보내던 날, 집에 가고 싶다고 간절히 말씀하셨단다. 임종복 차림에 간단한 인공호흡기를 목에 달고 들것에 실려 귀가하는 집주인을 꽃잎 지기 시작하는 목련과 발갛게 봉우리 맺힌 영산홍이 맞이했다. 오신 지 두 시간여 후에 엄마는 생애 가장 힘든 겨울을 보내고 봄볕 속으로 너울너울 날아가셨다.

(2020.)

박찬정의 수필 세계

'화양연화'를 꿈꾸며

한혜경

명지전문대 교수 · 수필가 · 평론가

박찬정의 수필 세계

'화양연화'를 꿈꾸며

한혜경
명지전문대 교수 · 수필가 · 평론가

1. 사유를 얹은 글쓰기

박찬정의 수필집 『목걸이』는 예순다섯 살을 지나가며 묶은 작품집이다. 모두 42편의 글들이 「지주목」, 「목걸이」, 「서 있는 배」, 「그해 겨울」 네 파트로 나누어져 펼쳐져 있다.
「책머리에」에서 작가는 "나 어디쯤 온 겐가" 자문하면서, 지나온 시간을 반추한다. 민주화 시위 무리에 휩쓸리던 스물다섯 살, "밥하고, 애 보고, 돈 벌고" 하느라 "콩 튀듯 팥 튀듯 떠밀려 살던" 서른다섯 살, 양친과 자식 "인연 치레에 숨 가빠서 나를 채울 여유는 없었"던 쉰 살에 이어,

지금 둘만이 남아 적요해진 예순다섯 살에 이르렀다.

글의 소재는 살아오면서 겪은 일들, 곧 가족에 대한 이야기를 비롯하여 일본에 살 때의 경험, 예순을 바라보는 나이에 시외가인 거제도에 터를 잡고 살면서 보고 겪은 일들이다. 이 경험들은 "놓아야 할 것을 놓지 못해서 안달하고, 끌어안아야 할 것을 기꺼이 끌어안지 못해서 마음 끓이다"가, "엉뚱하게 허방을 짚어 허우적대며 겪은 세월"을 담은 이야기로 형상화된다.

이 과정에서 "나름대로 고뇌한 사유"가 얹어져, 경험한 일들은 의미 있는 이야기로 탈바꿈한다. 곧 그의 글은 주변의 사람과 사물, 현상들을 세밀하게 관찰하고 오랜 시간 찬찬히 되짚어보며 음미하는 과정을 거쳐 탄생한 결과물이라 할 수 있다.

아울러 작가는 '무엇을 보여줄 것인가' 못지않게 '어떻게 보여줄 것인가'도 고심한다. 내용을 어떻게 전달하는 것이 효과적인가를 고려하여 문장을 배치하고, 궁금증을 불러일으키는 도입부와 그에 대한 풀이로 이뤄지는 구조로 전개한다. 그리하여 작가의 웅숭깊은 시선이 닿은 주변의 사람과 사물, 현상들은 다각도의 사유를 통해 주제를 드러내는 소재가 되고, 그들의 이야기는 적절한 문장 배치와 구조를 통해 효과적으로 전달된다. 이로써 좋은 재료를 정성껏 다듬어 맛있게 요리한 음식을 예쁜 그릇에 담아낸 밥상과도 같은 글이 완성되는 것이다.

이렇게 완성된 글들을 엮으며 작가는 스스로에게 묻는다. "잔치는 끝났는가." 아니면 "화양연화는 이제 시작인가."

독자들 역시 자신의 삶을 돌아보면서, 이 질문에 대한 답을 생각하게 될 것이다.

2. 지나온 시간과 주변에 대한 응시

65세란 나이는 우리 사회에서 공식적으로 '노인'으로 규정되는 나이이다. 만 65세부터 노인복지의 대상이 되어 지하철 요금 무료를 비롯해 여러 혜택을 받기 시작한다. 육체적으로 질병과 죽음에 좀 더 가까워지는 한편으로, 삶과 주변에 대한 이해가 좀 더 깊어지는 시기라 하겠다.

젊은 날 이해할 수 없었던 것이 저절로 양해가 되고, 아무리 애써도 보이지 않던 것이 보이고, 애타게 열망하던 것이 덤덤해지고, 화가 나던 상황도 그러려니 하게 되는 변화를 인지하게 된다. 자신에게만 집중하던 시선을 주변을 향해 돌리게 되고 성찰의 시간에 이르게 되어 남은 생애 의미 있게 보낼 수 있는 기틀을 준비할 시점이다.

성찰이란 자신의 마음이나 언행 등을 돌이켜보고 반성하는 일이다. 이를 위해 지나온 나날을 되돌아보게 되는데, 이때 필요한 것이 거리두기이다. 거리를 두고 바라본다는 것은 대상에 몰입하지 않고 과장이나 왜곡, 미화 없이 있는 그대로 직시하는 것으로 진정한 성찰을 가능하게 한다.

박찬정은 65세에 이르러 지나온 나날을 돌아본다. 거리를 두고 바라봄으로써 깨달음에 이르고 주변에 대한 이해를 확장한다. 사람들과의 관계에서도 '적당한 거리와 간격'이 필요하듯이,[1] 글쓰기에서도 그리고자 하는 대상과 거

---

[1] 박찬정은 사람들과의 관계에서 '적당한 거리와 간격'이 필요하다고 본다. 가족 관계에서도 거리를 두면 긴 여정 같이 가는 데 불협화음이 적다고 하면서, 고부 사이만이 아니라 이웃이나 동료, 나무, 풀 한 포기도

리를 유지한다. 곧 대상에 몰입하지 않고 관찰하고 응시하는 것이다. 세심하게 관찰함으로써 대상의 특성을 감지하고, 깊이 응시함으로써 빚어지는 사유를 입힌다.[2]

그래서 무심히 지나칠 수 있는 사물들에서 다른 이가 보지 못하는 의미를 길어올린다. 사물을 그저 단순한 사물로 인식하는 것이 아니라 그것을 사용했던 이의 삶이 녹아있고, 자신의 지난날이 응집되어 있는 대상으로 받아들인다. 곧 어떤 물건은 그 자체로 역사이며 추억이기도 한 것이다. 그것에 깃들어있는 지나온 시간과 사연에 사유를 버무려 독자의 마음을 가만가만 건드린다.

그리하여 오래된 항아리, 흔하게 볼 수 있는 종이 상자, 우산 등은 작가의 웅숭깊은 시선이 닿을 때, 단순한 사물에서 회고를 넘어선 성찰을 끌어내는 원천으로 탈바

'실하게 성장할 적정 거리'가 필요하고, 낚시터에서도 서로의 낚싯줄이 엉키는 불상사를 방지하려면 '적정 거리'가 필요하다는 입장이다.(「적정 거리」)
2) 관찰의 대상은 단지 사람만이 아니라 스쳐 지나가기 쉬운 사물들, 길고양이나 이웃집 개와 떠돌이 개들까지도 포함된다. 이웃집의 나이 든 진돗개 호동이의 행동들(「이제는 말할 수 있다」), 이웃집 개 은동이의 실종(「은동이 실종사건」), 산책길에서 마주친 개(「자리걷이」), 떠돌이 고양이(「텃세」)들이 세밀한 관찰에 의해 인상적인 글로 탄생한다.

꿈한다. 삶의 어느 순간을 복기하며 삶의 의미를 되새기게 하는 매개가 되는 것이다.

오래전 요긴한 살림도구였으나 현재 쓰임이 없는 항아리는 두 개의 통찰을 끌어낸다. 쓰임이 없다면 무가치한 것인가 하는 질문과 역할에 대한 숙고가 그것이다. 전자는 수도사정이 좋지 않던 시절 식수를 받아 간수하는 데 쓰였던 시어머니의 물항아리이고, 후자는 시외숙모네 장독대 항아리들이다.

한밤중에 물을 받아 식수로 쓰던 시절, 넉넉하지 못한 살림에 군식구까지 먹이고 재우던 시어머니. 끊임없는 가사노동에서 놓여나지 못했음에도 "불평이나 공치사하는 일" 없이 "당연히 해야 하는 일"로 받아들였다.(「그루터기」) 그때 물독으로 쓰던 항아리는 지금은 쓸모가 없어져 베란다 구석에 놓여 있다. 그러나 어머니에게 여전히 중요하다. 자신의 '젊은 날'이 들어 있기 때문이다. 그러므로 항아리는 식구들 건사하는 기쁨으로 살았을 어머니의 젊은 날을 상기시키므로, 실용적 쓰임새와 무관한 가치를 상징한다.

시외숙모네 장독들 역시 예전엔 "식구들 세 끼니의 원천"으로 유용했지만, 이제 필요가 없어져 장독대에서 햇볕에 삭는 중이다. 그중 많이 사용해서 실금이 간 자배기와 오래 쓰지 않아서 햇볕에 삭은 시루에서, 작가는 몸이 삐걱거리기 시작하고 사회적 역할도 줄어든 예순 중반 나이에 이른 자신의 모습을 발견한다.(「사그락사그락」)

그리하여 많이 쓰다가 실금이 가고 너무 오래 쉬다가 햇볕에 삭지 않도록 지혜가 필요하다는 생각과 "쓰기와 쉬기를 잘 나누어야" 한다는 깨달음을 얻기에 이른다. 아울러 역할을 잃는다는 것에 대한 생각도 덧붙이는데, "생존의 기본 역할을 잃어버린다는 것은 살아가는 의미를 상실하는 것 같아서 두려웠다."고 하며 독자들에게 생각거리를 던져준다.

작가의 젊은 날을 떠올리게 하는 사물도 있다. 그것은 우산이다.

도쿄의 전차 플랫폼 의자에 걸려 있는 우산을 발견하고 삼십여 년 전 일을 회상한다.(「기억 여행」) 낮에는 직장을 다니고 저녁에는 야간대학을 다니느라 "늘 허둥댔"던 이십 대 중반, 피곤한 '이중생활'에서 벗어나고 싶었던 때의 이야기이다. "가던 길을 멈추고 주저앉고 싶은데" 손짓을 하는 사람이 있었고, "직장과 학교, 맨몸으로 맞는 빗줄기"가 버거웠던 작가는 그가 건넨 우산 속으로 들어서고 싶다.

그런데 같은 처지의 친구가 졸업 후의 포부를 이야기하자, 작가는 '큰 자극'을 받는다. 거리를 좁혀오던 그에 대해서 "거리를 두고 신중하게 생각하기로" 결정하면서, 흔들리는 마음을 다잡는다. 이러한 결심은 그가 준 우산을 친구에게 맡기는 행위로 표출된다. 그의 우산 속으로 피하고 싶었던 유혹을 차단한 것으로, 우산은 그가 선물한 물건이면서 은유로 활용되고 있다.

그리고 물건을 담는 용도로 쓰이는 종이 상자가 다른 용도로 요긴하게 쓰였던 경험을 보여주기도 한다.

일본 동북부에서 큰 지진과 쓰나미가 있던 그 시각 도쿄 근교에 있었던 작가는 가까이에서 지진을 겪는다.(「가치를 생각하다」) 두려움 속에서 흔들림이 멈추기를 기다리지만 여진이 계속되고 버스와 전차도 운행이 중지되어 집에 갈 방법이 없다.

귀가를 포기한 사람들이 역사(驛舍)에 모여들어 벽에 기대어 앉는다. 작가도 어쩔 수 없이 자리를 잡고 앉았으나 바닥의 냉기로 뼈가 시리다. 깔만한 것을 구하기 위해 어두운 거리로 나서 작은 종이 상자 두 장을 주워온다. "힌 장을 깔고 한 장은 무릎을 감싸고 싶은 마음 간절했지만" 맨바닥에 앉은 옆 사람을 외면하지 못하고 한 장을 준다. 종이 상자 한 장으로 따뜻해졌던 그날 밤의 경험으로 작가는 종이 상자 하나의 가치를 잊지 못한다.[3]

이처럼 어떤 물건은 삶이 담겨 있다. 우리 삶이란 힘겨워도 행복했던 때가 있고 결심이 흔들리던 때도 있으며

---

3) 이외에도 목걸이, 삼베, 음식들에 깃든 의미를 짚어내고 있다. 「목걸이」는 시어머니가 주신 다이아몬드를 간직하고 있다가 30년이 지나 며느리에게 목걸이를 만들어 준 소회를 그린 글이다. 시어머니가 '여의치 못한 살림'에 마련했고 작가가 '고이 간직한 세월만큼의 의미'가 보태어져 목걸이는 더욱 빛을 발한다. 또 삼베 한 필에 대한 사연도 있다. (「결」) 시어머니가 치매 초기였음에도 "귀하게 여기고 요긴하게 잘 쓰니 주고 싶다"며 아무도 모르게 주신 것이다. 사람들에게 쉽게 다가서지 못하는 작가가 오랫동안 이어온 동문 모임에 이 삼베를 잘라 선물한다. 구하기 어려운 것을 나눈다는 베풂의 의미도 있지만, 시어머니의 마음을 기억하는 의식(儀式)이기도 하다.

사소한 것에서 도움받기도 한다는 사실을 일깨운다. 음식의 "맛의 반은 기억"이듯이(「맛의 반은 그리움이다」) 기억이 깃든 사물은 삶 그 자체임을 잘 보여주고 있다.

3. 잘 짜여진 글의 즐거움

박찬정의 많은 글은 궁금증으로부터 시작한다.
주어 없이 서술어만으로 이루어진 간결한 문장을 제일 앞에 배치하여 호기심을 불러일으킨다. 첫 문장에 앞서 제목을 보았기 때문에 무엇에 대한 내용인지 알 수 있지만, 제목을 가린다면 짐작하기 어렵다. 수수께끼처럼 독자의 호기심과 궁금증을 유발시키며 글이 시작되고 수수께끼의 답은 주제와 연결되도록 짜여진 것이다.

늘 소외되어 있다. 어깨를 나란히 하고 어울려 있는 듯해도 그것을 주목하는 사람은 아무도 없다. 밭에 꽃이 피었을 때나 실한 열매가 주렁주렁 열렸을 때 들리는 환호도 그것을 향한 것은 아니다. 하지만 세찬 비바람을 이기지 못하여 쓰러진 날이면 온갖 원망과 지청구는 다 그것에게 퍼붓는다.

―「지주목」 중에서

이 글에서 '그것'은 무엇일까? 주목받지 못하는 상황을 점층법으로 묘사한 뒤 밝혀지는 그것은 '지주목'이다. 한해살이풀을 떠받치는 용도로 박아 놓은 지주목은 "한때는 푸른 잎으로 하늘을 향하여 크고" 있던 대나무이다.

푸른 잎의 대나무로 잘 자라던 도중에 베어져 지주목이 되어버린 처지는 아버지를 연상시킨다. 소년 시절, 중국 대륙에 가보고 싶다는 꿈이 있었으나 혼자인 어머니와 동생들 걱정에 꿈을 포기할 수밖에 없었고 이후로도 '생존'에 전념해야 했던, 다섯 자식 건사도 힘겨운데 고모와 막냇삼촌까지 챙겨야 했던 '고단한 삶'이다. 모두가 "비빌 언덕이 되어 달라고 졸라"댄 형국의 아버지 삶이 지주목과 흡사하다고 본 것이다.

목적어를 생략한 경우도 있다. "지난해 이맘때 봤는데 아무리 찾아봐도 없다. 꽃이 피기 전 가느다란 외떡잎 새순만으로는 찾아내기 무리인 줄 알면서도 마른 풀을 헤쳐 가며 찾고 있다. 꽃이 피었더라도 탐스럽거나 눈에 띄게 화려하지 않다. 혹시 못 보고 봄을 넘기게 될까 봐 조바심이 났다." 무엇을 찾는 것일까? 조바심이 날 정도로 찾는 것이 무엇일까? 목적어는 '각시붓꽃'이다.(「각시붓꽃」)

각시붓꽃은 "단아하면서도 기품 있고 귀여운 매무새"의 꽃으로 "이식을 싫어하는 식물이라 자생지를 떠나면 뿌리 내리기가 매우 어렵다." 이런 특성은 동남아에서 우리나라로 시집온 한 동네 그녀를 연상시킨다. 시부모와 남편이 잘해주고 두 아이까지 있지만 늘 힘겨움이 가득하다. 타국에서 살던 자신의 경험이 오버랩되어 더 공감되는 상황이다. "생기 없이 시들시들한 모양"의 그녀가 잘 적응해 살아가기를 바라는 심정은 마당에 옮겨 심은 각시붓꽃이 생기를 찾고 굳게 뿌리 내리기를 기대하는 마음으로 표현되고 있다.

"열흘째 살금살금 숨죽이며 살고 있다."로 시작하는 글은 어떤가? "조심스럽게 남편의 눈치를 살피고 긴 시간을 부엌에 서서 간식이나 색다른 반찬을 만든다. 평소에 내가 쥐고 있던 TV 리모컨도 남편에게 양보했다. 하루에도 수없이 잔소리가 목구멍까지 올라오지만, 꿀꺽 참는다."로 이어지고 있어 궁금증은 더욱 커진다. 작가가 "한 재산 들어먹는 사고를 쳤거나 서방질을 하다 들통이 난 줄" 오해할 지경이다. 사실은 남편의 금연 분투 과정을 그린 글로 이처럼 의아해할 만한 도입부를 의도적으로 배치한 것이다.(「금연 분투기」)

"아침마다 오르는 뒷산 산책길에서 사흘째 마주쳤다."로 시작하는 글은 떠돌이 개에 대한 글이다.(「자리걷이」) "언제부터 산을 헤매고 다녔는지 꼴은 말이 아니다. 길게 자란 털에 검불과 진흙덩이가 온몸에 엉겨 붙어 있어 발을 떼기에도 힘겨워 보였다."로 이어진다. 가까이에서 보니 "낡은 마포 걸레" 같은 개를 데리고 와 보름 남짓 돌보았으나 결국 죽는다. 이 개의 죽음은 오래전 이웃집의 자리걷이 굿 기억을 끌어다 놓는다. 자리걷이가 "무당의 힘을 빌려서나마 떠나는 이에게는 홀가분하게 짐을 벗겨주고, 남은 가족은 위로하여 서로의 관계를 정리하는 마음의 빚잔치"였음을 상기하면서 개를 떠나보내는 의식을 치른다.[4]

이와 같이 첫 문장에서 궁금증을 불러일으키고 점차 그에 대해 알려주는 구성을 통해 잘 짜여진 글이 주는 즐거움을 맛보게 한다.

4. '화양연화'의 시작

"점점 더 멀어져 간다… 머물러 있는 청춘인 줄 알았는데… 더 아무것도 찾을 수 없네… 조금씩 잊혀져 간다. 매일 이별하며 살고 있구나."[5]

서른 즈음에 이른 이는 이처럼 노래했지만, 예순다섯에 이르면 다음과 같이 노래한다.

이별하기도 하지만 잊지 않으면 된다고. 기억하며 살면 된다고. 물 마른 물독은 먼지 덮인 채 있어도 "오래전 물독이 있던 어머니의 정갈한 부엌"을 기억하는 한(「그루터기」),

---

4) 이외에도 궁금증을 불러일으키는 첫 문장은 "왜 하필이면 그때일까."(「고립」) "낯설고도 낯익은 길이다."(「담 안의 사람들」) "거친 듯하면서도 매끄럽다."(「결」) "팔자도 좋다."(「텃세」) "나는 튀기로 태어났다." (「인연」) "머뭇거리기만 하고 말을 못한다."(「해당화」) 등 많은 글에서 찾을 수 있다.
5) 김광석 〈서른 즈음에〉 가사.

그 울림은 사라지지 않는다고.

지금은 옛 모습을 찾을 길 없고 희미해지고 빛이 바랬지만, 기억 속에서 여전히 살아있다고. 몸은 삐걱거리고 사회적 역할도 줄었지만, 살아온 나날의 기억이 남아있으므로 살 만하다고. 비록 그것이 "허우적대며 겪은 세월"일지라도 그로부터 깨달은 것, 아프기도 했지만 따뜻하기도 했던 시간들이 있기에 잘 살아갈 수 있다고.

그래서 '화양연화'는 이제 시작이다.

박찬정 수필집

목걸이

2022년 10월 25일 초판 1쇄 발행

지은이 박찬정 | 펴낸이 김은영 | 펴낸곳 북 나비
출판신고 2007년 11월 19일 제380-2007-00056호
주소 04992 서울시 광진구 자양로9길 32 4층(자양동)
전화 (02)903-7404, 팩스 02-6280-7442
이메일 booknavi@hanmail.net
블로그 www.booknavi.co.kr
이미지 : gettyimagesbank

ⓒ 박찬정 2022
ISBN 979-11-6011-096-8 03810

※ 이 책의 전부 또는 일부를 이용하시려면 저작권자와 북나비의 동의를 받아야 합니다.
※ 책값은 뒤표지에 있습니다. 잘못된 책은 바꾸어 드립니다.

목걸이의 이음매는 튼튼하고 매끈하다. 시어머니가 여의치 못한 살림에 마련하시고 내가 고이 간직한 세월만큼의 의미가 보태어져 며느리의 목에서 빛나고 있다. 비록 작은 다이아몬드가 박힌 목걸이지만 우리 가족 삼대가 이어져 있어 더 가치가 있다.

목걸이

박찬정 수필집